# ABC des Positiven Denkens

Vera Peiffer

# ABC des Positiven Denkens

## Das Nachschlagewerk für alle Lebenslagen

midena

## Die Autorin

Vera Peiffer arbeitet als Psychologin und Psychotherapeutin in London. Sie ist Dozentin an der Londoner Business School und leitet die nach ihr benannte Stiftung »The Peiffer Foundation«, die sich der Förderung des »Positiven Denkens« verschrieben hat.

In England ist Vera Peiffer einem großen Publikum aus Rundfunk, Fernsehen und durch ihre Bücher über Positives Denken, Angstbewältigung, Stressmanagement, Beziehungs- und Partnerfragen bekannt.

Beim Midena Verlag publizierte sie bereits die erfolgreichen Titel:

- Positives Denken
- Ängste überwinden
- Die 7 Wege zum Traumpartner
- Wie Sie lernen »nein« zu sagen
- Aktiv-Programm Positives Denken

## Wichtiger Hinweis

Die im Buch veröffentlichten Ratschläge wurden mit größter Sorgfalt von Verfasserin und Verlag erarbeitet und geprüft. Eine Garantie kann jedoch nicht übernommen werden. Ebenso ist eine Haftung der Verfasserin bzw. des Verlages und seiner Beauftragten für Personen-, Sach- oder Vermögensschäden ausgeschlossen.

## Bildnachweis

Umschlagfoto und Fotos: zefa visual media gmbh, Düsseldorf



Midena Verlag, München


Lektorat: Carina Janßen
Redaktion: Britta Mümmler, München
Herstellung: Marion Kraus
Bildredaktion: Carina Janßen
Umschlagkonzeption: Kontrapunkt, Kopenhagen
Layout: KA•BA GbR, Augsburg
Satz: Gesetzt aus der Rotis Sans Serif von KA•BA GbR, Augsburg
Reproduktion: Kaltner Media GmbH, Bobingen
Printed in Germany

ISBN 3-310-00580-1

Einleitung ... 6

Positives Denken – so wird's gemacht ... 7
Affirmationen, die wirken ... 8
Positiv-Skripts – Wege zum Erfolg ... 9
Visualisierungen ... 10
Eine eigene Kassette aufnehmen ... 11

Das ABC ... 13

Arbeit zu Hause und im Büro ... 15
Arbeitslosigkeit ... 16
Arbeitswut ... 18
Beförderung ... 20
Berufswahl ... 22
Durchsetzungsvermögen ... 24
Entscheidungslosigkeit ... 26
Pensionierung ... 28
Stress (Arbeitsplatz) ... 30
Stress (zu Hause) ... 32
Vorstellungsgespräch ... 34

Beziehungen ... 37
Auseinandersetzungen ... 38
Ehe ... 40
Einsamkeit ... 42
Elternschaft ... 44
Flirten ... 46
Freundschaft ... 48
Kollegialität ... 50
Konversation ... 52
Mutterschaft ... 54
Partnersuche ... 56
Scheidung (für Eltern) ... 58
(für Kinder) ... 60
Schüchternheit ... 62
Tod ... 64

Körper ... 67
Akne ... 68
Asthma ... 70
Bluthochdruck ... 72
Durchfall ... 74
Ekzem ... 76
Erschöpfung ... 78
Heuschnupfen ... 80
Impotenz ... 82
Knochenbruch ... 84
Kopfschmerzen ... 86
Monatsbeschwerden ... 88
Reisekrankheit ... 90
Reizdarm ... 92
Schmerzen ... 94
Verspannung ... 96
Verstopfung ... 98

Psyche ... 101
Alpträume ... 102
Angst ... 104
Depressionen ... 106
Empfindlichkeit ... 108
Erröten ... 110
Essstörungen (Übergewicht) ... 112
(Untergewicht) ... 114
Flugangst ... 116
Gereiztheit ... 118
Harmoniesucht ... 120
Minderwertigkeitsgefühle ... 122
Nägelkauen ... 124
Perfektionismus ... 126
Rauchen ... 128
Schlafstörungen ... 130
Schuldgefühle ... 132
Stottern ... 134
Wut ... 136

Schule und Fortbildung ... 139
Beliebtheit ... 140
Durchhaltevermögen ... 142
Fahrprüfung ... 144
Gedächtnis ... 146
Lampenfieber ... 148
Lernen ... 150
Mobbing ... 152
Prüfungsangst (mündlich) ... 154
(schriftlich) ... 156
Schulangst ... 158

Weiterführende Literatur ... 160
Nützliche Adressen ... 160

# Einleitung

Liebe Leserin, lieber Leser,

Das *ABC des Positiven Denkens* ist ein Nachschlagewerk für jeden, der sich selbst oder seinen Kindern mit einigen einfachen Mentaltechniken helfen möchte. Im vorliegenden Buch sind fünf breit gefächerte Themenkreise angesprochen, die die Lebensbereiche Schule/Ausbildung, Arbeit, Beziehungen sowie seelische und körperliche Probleme abhandeln.

Es kann sein, dass Sie bereits wegen eines seelischen oder körperlichen Problems beim Arzt oder Psychologen in Behandlung sind. Dieses Buch soll keineswegs die fachmännische Behandlung ersetzen, sondern will Sie lediglich mental unterstützen. Setzen Sie also bitte auf keinen Fall vom Arzt verschriebene Medikamente ab! Wenn Sie in Psychotherapie sind, dann gehen Sie bitte weiter zu Ihren Sitzungen. Sie können dieses Buch Ihrem Therapeuten zeigen und fragen, ob er oder sie einverstanden ist, wenn Sie die Affirmationen, Positiv-Skripts und Visualisierungen ergänzend zur Therapie verwenden.

Um dieses Buch optimal zu nutzen, sollten Sie sich zunächst den ersten Teil von Seite 7 bis 11 aufmerksam durchlesen. Hier werden Ihnen die Grundlagen des Positiven Denkens vermittelt. Es ist wichtig, dass Sie verstehen, wie Sie diese einzelnen Methoden benutzen können, weil Ihnen das ein sinnvolleres Arbeiten ermöglicht. Darüber hinaus erhalten Sie hier auch Hinweise, wie Sie Ihre eigene Kassette aufnehmen.

Danach können Sie sich dann im zweiten Teil des Buches ab Seite 15 die Rubrik oder Rubriken heraussuchen, die für Sie relevant sind. Mit Hilfe der dort aufgeführten Affirmationen, Positiv-Skripts und Visualisierungen können Sie jetzt Ihrem ganz speziellen Problem zu Leibe rücken. Außerdem finden Sie auch praktische Tipps, die Ihnen helfen sollen, typische Fehler zu vermeiden, welche oft im Zusammenhang mit dem jeweiligen Problem auftreten.

Das *ABC des Positiven Denkens* können Sie wie eine Hausapotheke benutzen: Wenn es ein seelisches oder körperliches Problem gibt, schlagen Sie einfach nach und Sie können sich selbst erste Hilfe leisten. Kinder finden es besonders leicht, mit Mentalbildern zu arbeiten. Daher eignen sich die hier aufgeführten Methoden auch durchaus für jüngere Kinder ab sechs. Erklären Sie als Eltern Ihrem Kind auf einfache Weise, worum es bei der Übung geht, und machen Sie sie mit dem Kind zusammen. So kann die ganze Familie vom Positiven Denken profitieren!

Alles Gute wünscht Ihnen
*Ihre Vera Peiffer*

# Positives Denken – so wird's gemacht

Die hier vorgestellten Methoden des Positiven Denkens beruhen auf dem Prinzip, dass das menschliche Unterbewusstsein durch Suggestionen und Gedankenbilder positiv beeinflusst werden kann. Ähnlich wie bei der Hypnose durch einen Therapeuten können wir auch selbst Einfluss auf unsere spontanen Reaktionen und Handlungsweisen nehmen, indem wir Suggestionen benutzen.

Da unser Denken einen direkten Einfluss auf unsere Körperfunktionen und -reaktionen hat, ist es möglich, durch bestimmte Mentaltechniken Körperreaktionen bewusst zu steuern. Im Falle von Krankheiten heißt das, dass wir körpereigene Heilmechanismen begünstigen, indem wir durch die Kraft positiver Gedanken den Körper entspannen und ruhig stellen. Dadurch reguliert sich die Hormonausschüttung, sodass ein körperliches Gleichgewicht wiederhergestellt wird. Im ruhenden Körper können dann wiederum die Wachstumshormone ihre Arbeit verrichten und die erkrankten oder beschädigten Körperzellen reparieren.

Aber auch auf die Gemütsverfassung können wir mit Positivem Denken Einfluss nehmen. Dabei lassen sich nicht nur negative Gefühle in positive verwandeln, sondern auch Ängste abbauen und Unsicherheiten im Umgang mit anderen Menschen abschwächen oder ganz beseitigen. Diese Ergebnisse können erzielt werden, indem wir mit positiven Suggestionen und Gedankenbildern eine neue Einstellung zu uns selbst und unserer Umwelt erarbeiten.

Auch die Leistungsfähigkeit bei der Arbeit und im Sport lässt sich durch das Einsetzen gezielter Mentaltechniken steigern, indem man an Konzentrationsfähigkeit und innerer Ruhe arbeitet. Die dadurch erzielten Ergebnisse können durchaus spektakulär sein! Dabei werden nicht nur bessere Leistungen erzielt, sondern diese werden auch müheloser vollbracht.

# Affirmationen, die wirken

Affirmationen sind positive Sätze, die Ihnen in Bezug auf ein Problem ein optimistisches Gefühl verleihen sollen. Eine Affirmation ist eine Mini-Suggestion, mit der Sie sich selbst motivieren, am Ball zu bleiben und ein bestimmtes Ziel zu erreichen, zum Beispiel eine Angst zu überwinden, die schulische Leistung zu verbessern oder mit dem Rauchen aufzuhören.

Wenn Sie abnehmen wollen, dann wird Ihnen der Gedanke »Ach, das kann ich ja doch nicht!« wohl kaum zum Erfolg verhelfen. Wenn Sie stattdessen aber ganz bewusst die positive Affirmation benutzen »Abnehmen ist leicht und ich habe Erfolg«, dann wird Sie das viel eher dazu motivieren, weniger zu essen oder mehr gesunde Lebensmittel zu sich zu nehmen und um die Schokoladentorte einen Bogen zu machen ...

Die Affirmationen, die Sie in diesem Buch finden, können Sie entweder so übernehmen, wie Sie abgedruckt sind, oder Sie können sie abändern, wenn Ihnen eine andere Formulierung mehr zusagt. Achten Sie bei Änderungen allerdings darauf, möglichst positiv zu formulieren. Vermeiden Sie also Ausdrücke wie »Ich habe keine Angst vor dem Autobahnfahren«, denn sonst verbindet Ihr Unterbewusstsein das Fahren auf der Autobahn mit dem Gefühl der Angst. Besser ist es, folgendermaßen zu formulieren: »Ich fühle mich ruhig und sicher, wenn ich auf der Autobahn fahre.«

Sie können eine oder mehrere Affirmationen benutzen. Wichtig ist, dass Sie sie möglichst oft benutzen. Ideal ist es, die Affirmation vor dem Schlafengehen und morgens nach dem Aufwachen zu benutzen. Auf diese Weise fangen Sie den Tag positiv an und beenden ihn auch so. Dabei können Sie Ihren positiven Satz denken, laut aussprechen oder singen. Aber ganz gleich, wie Sie es machen: Denken, sprechen oder singen Sie die Affirmation mit viel Gefühl.

# Positiv-Skripts – Wege zum Erfolg

Die in diesem Buch aufgeführten Skripts können Sie sich auf einen separaten Zettel abschreiben und bei sich tragen. Stecken Sie sie sich hinter den Spiegel, kleben Sie sich Ihr Skript an die Innenseite Ihrer Wohnungstür oder tragen Sie den Zettel in Ihrer Hand- oder Aktentasche mit sich. Manche Leute lernen ihr Skript auswendig. Auf diese Weise sind sie unabhängiger.

Die Positiv-Skripts sind im Prinzip eine Ansammlung von Affirmationen und beschreiben oft den seelischen Vorgang, der zum Erfolg führt. Egal, ob Sie sich größeres Selbstvertrauen in bestimmten Situationen zulegen oder eine Krankheit überwinden wollen, das Positiv-Skript wird Ihnen die Aufgabe leichter machen. Wenn es irgendwie geht, nehmen Sie sich das Positiv-Skript auf Kassette auf (siehe S. 11).

Es ist oft ratsam, das jeweilige Skript mit einem Entspannungs-Skript (siehe S. 96, Punkt »Verspannung«) zu kombinieren. In vielen Problemsituationen, wie zum Beispiel bei Ängsten oder Krankheiten, ist es unbedingt erforderlich, zunächst gute körperliche Entspannung zu erzeugen, bevor man das spezielle Skript für die jeweilige Problemsituation benutzt.

Wenn Sie sich Ihr Skript auf einen Zettel geschrieben haben, dann benutzen Sie es genau wie Affirmationen – so oft wie möglich! Wenn Sie tagsüber eine Pause machen, holen Sie sich Ihren Zettel heraus und lesen Sie ihn entweder leise oder laut *mit Gefühl* durch. Auch wenn Ihnen das Skript zunächst zu optimistisch vorkommt: Halten Sie bitte durch! Durch regelmäßiges Anwenden setzt sich die positive Botschaft im Unterbewusstsein fest und arbeitet dann automatisch für Sie.

Haben Sie sich das Skript auf Kassette aufgenommen, dann hören Sie dieses morgens und abends mindestens drei Wochen lang an.

# Visualisierungen

Zusätzlich zu Affirmationen und Positiv-Skripts finden Sie auch noch einen Vorschlag, wie Sie sich den erfolgreichen Ausgang Ihrer Zielsetzung vorstellen können. Setzen Sie sich dazu am besten bequem hin und schließen Sie die Augen.

Sie brauchen beim Visualisieren Ihre Gedankenbilder keineswegs scharf umrissen und in Farbe zu sehen, um Resultate zu erzielen. Auch wenn Sie nur eine vage geistige Wahrnehmung Ihres Gedankenbildes haben, können Sie damit erfolgreich arbeiten. Wichtig ist lediglich, dass Sie mit der Visualisierung ein optimistisches Gefühl erzeugen. Dabei wird es an manchen Tagen zu einem stärkeren positiven Gefühl kommen als an anderen, aber das ist ganz normal. Wir sind nicht jeden Tag gleich gut aufgelegt und manchmal macht uns Stress einen Strich durch die Rechnung, sodass wir uns nur schlecht auf unsere Visualisierung konzentrieren können. Entsprechend schwach ist dann auch das positive Gefühl, das dabei herauskommt. Wichtig ist nur, dass Sie die Visualisierung möglichst regelmäßig durchführen.

Ich habe Ihnen für jeden Problembereich eine Visualisierung vorgeschlagen. Wenn Ihnen diese aus irgendeinem Grunde nicht gefällt, dann können Sie meine Visualisierung ruhig durch eine eigene ersetzen. Manchmal können auch schon kleine Veränderungen einen großen Unterschied machen. Denken Sie daran, dass jeder Mensch ein Individuum ist und als solches einzigartig. Was für Sie zum Erfolg führt, ist das für Sie Richtige. Ändern Sie also ruhig nach Lust und Laune. Manchmal wird einem eine Visualisierung nach einer Weile langweilig – auch in diesem Fall dürfen Sie sich ruhig ein anderes Gedankenbild ausdenken. Achten Sie allerdings darauf, dass Ihr Gedankenbild angenehme Gefühle in Ihnen erzeugt. Wenn Ihre Visualisierung Sie »kalt« lässt, dann müssen Sie noch daran herumbasteln. Eine »lauwarme« Visualisierung bringt keine Resultate.

# Eine eigene Kassette aufnehmen

Vielleicht haben Sie die Möglichkeit, sich das Positiv-Skript auf Kassette zu sprechen. Achten Sie dabei auf Folgendes:

- Je besser die Qualität der Aufnahme, desto lieber werden Sie sich die Kassette anhören.

- Sprechen Sie den Text nicht zu schnell und im Ton der Begeisterung, um sich selbst ein positives und optimistisches Gefühl zu suggerieren.

- Sie können das Positiv-Skript ruhig zwei oder drei Mal hintereinander auf das Band sprechen, mit einer kleinen Pause zwischendurch. Dadurch hören Sie die positive Botschaft gleich mehrmals und sie kann sich besser in Ihrem Unterbewusstsein festsetzen.

- Bevor Sie Ihr ausgewähltes Positiv-Skript sprechen, nehmen Sie das Entspannungs-Skript von Seite 96 (Punkt »Verspannung«) auf. So stellen Sie Ihren Körper ruhig und Ihr Unterbewusstsein kann dann die Suggestionen besser aufnehmen. Wenn Sie eine Angst bekämpfen oder den Heilungsprozess einer Krankheit beschleunigen wollen, dann sollten Sie *auf jeden Fall* zuerst das Entspannungs-Skript aufnehmen.

- Hören Sie Ihre Kassette am besten mit einem Walkman oder einer Stereoanlage, die Kopfhörer hat. Der Gebrauch von Kopfhörern schaltet äußere Geräusche aus und erhöht die Konzentration, mit der Sie das Band anhören. Je besser Sie sich konzentrieren, desto besser kann Ihr Unterbewusstsein die Suggestionen aufnehmen.

- Hören Sie die Kassette niemals beim Autofahren!

A

B

C

# Das ABC

Haben Sie die Grundlagen des Positiven Denkens im ersten Teil des Buches gründlich durchgelesen? Tun Sie das unbedingt. Sie werden bessere Resultate erzielen, wenn Sie sich bereits mit Affirmationen, Positiv-Skripts und Visualisierungen vertraut gemacht haben.

Wenden Sie die Affirmationen, das Positiv-Skript und die Visualisierungen *regelmäßig* an. Wenn Sie alles nur halbherzig oder kaum zwei, drei Tage lang machen, dann fallen die Ergebnisse auch entsprechend unbefriedigend aus! Machen Sie Ihre Übungen möglichst drei Wochen lang morgens und abends.

Sie können Affirmationen und Positiv-Skripts aus verschiedenen Abschnitten kombinieren, solange sie sich in Ihr Hauptproblem integrieren lassen. Das Positiv-Skript für »Verspannung« lässt sich zum Beispiel hervorragend mit vielen Angst-Skripts verbinden. Schalten Sie dabei immer das Entspannungs-Skript (siehe S. 96) dem Angstbewältigungs-Skript (siehe S. 104) vor.

Vermeiden Sie es, mehrere Ziele auf einmal erreichen zu wollen. Es hat wenig Zweck, in zwei Wochen zum schlanken Nichtraucher mit ausgezeichnetem Gedächtnis und einem neuen, hochdotierten Posten werden zu wollen. So viel auf einmal kann Ihr Unterbewusstsein nicht verkraften. Beschränken Sie sich also auf einen Problembereich, den Sie intensiv bearbeiten.

Sie brauchen die Affirmationen, Skripts und Visualisierungen nicht perfekt zu machen, sondern nur oft. Es gibt keine vorgeschriebene Weise, wie man Affirmationen sagen oder denken muss – machen Sie es so, wie es Ihnen gerade in den Kopf kommt: laut, leise, sitzend, stehend ... Die Art, wie Sie die Übungen benutzen, spielt keine Rolle. Das Einzige, was zählt, ist *dass* Sie sie benutzen.
Machen Sie sich also an die Arbeit!

# Arbeit zu Hause und im Büro

Egal, ob Sie einen Haushalt führen und Kinder versorgen oder ob Sie jeden Morgen ins Büro oder in die Fabrik zur Arbeit fahren, Stress bleibt Ihnen nicht immer erspart. Manchmal ist einfach zu viel zu tun und man weiß nicht, wo man zuerst anfangen soll. Oder die Arbeit ist nicht befriedigend und man sucht nach Alternativen, kann aber keine finden. Oder es ist einem gekündigt worden, sodass man Ängste aussteht, wie man die monatlichen Lebenshaltungskosten bezahlen soll ...

Wer jetzt in Panik gerät, macht ein bestehendes Problem nur noch größer. Wie Sie mit Stress umgehen, ist ausschlaggebend. Wir können Alltagsprobleme nicht wegzaubern, wir können aber sehr wohl beeinflussen, wie gut wir mit dem Stress umgehen. Schließlich bricht nicht jeder in Panik aus, wenn er morgens im Büro als Erstes einen Haufen Post vorfindet. Manche Menschen bleiben gelassen, ziehen erst einmal den Mantel aus und holen eine Tasse Kaffee, bevor sie sich ans Aussortieren der Post machen. Andere dagegen sind sofort in Krisenstimmung und fangen an, hektisch und nervös alle möglichen Umschläge aufzureißen, noch bevor sie sich den Mantel ausgezogen haben. Der Stapel Post auf dem Schreibtisch ist der gleiche, nur die Einstellung zu dem Berg Arbeit unterscheidet die beiden Menschen. Der eine zuckt nur die Schultern und geht in Ruhe an die Arbeit, der andere betrachtet die Situation als eine Katastrophe und reagiert nervös und unkoordiniert, mit entsprechenden Resultaten!

Stellen Sie also sicher, dass Sie zur ersten Gruppe gehören! Mit Hilfe der folgenden Affirmationen, Skripts und Visualisierungen können Sie Ihre innere Einstellung so polen, dass Sie die Ruhe behalten und entsprechend konstruktiv auf die gegebene Situation reagieren. Sie erzielen damit nicht nur bessere Resultate, Sie kommen auch schneller ans Ziel!

# Arbeitslosigkeit

Es kann ein großer Schlag sein, seine Arbeitsstelle zu verlieren, besonders, wenn die Familie von diesem einen Gehalt abhängig ist. Jetzt kommt es darauf an, nicht den Mut zu verlieren, auch wenn auf noch so viele Bewerbungen nur negative Antworten kommen.

## Affirmationen ■

Die richtige Stelle ist schon zu mir unterwegs.
Mit viel Ruhe und großer Ausdauer arbeite ich mich zu meiner neuen Stelle vor.
Ich kann es mir selbst ermöglichen, eine neue Stelle zu finden.

## Positiv-Skript ●

Ich baue jetzt mein Selbstvertrauen langsam und stetig wieder auf. Jeden Tag unternehme ich etwas Konstruktives, um eine neue Stelle zu finden. Meine innere Ruhe und Gelassenheit wirken sich positiv auf meine Erfolgschancen aus. Egal, wie lange es dauert, ich halte durch, denn ich weiß, dass ich mit Ruhe und Ausdauer ans Ziel komme. Eine gut bezahlte, neue Stelle ist mir sicher. Ich tue das Meinige, um mir neue Möglichkeiten zu eröffnen. Ich verwandle meine jetzige Situation in eine neue Chance, die mir ungeahnte Möglichkeiten eröffnet. Egal, was andere sagen, ich weiß, dass ich erfolgreich sein kann. Ich freue mich über die vielen guten Ideen, die mir bei der Suche nach der richtigen Stelle helfen. Bis ich die richtige Stelle gefunden habe, nutze ich meine freie Zeit auf Positve und konstruktive Weise aus. Es macht mir Spaß, Neues zu lernen, das mir bei der Arbeit zugute kommt. Bei Bewerbungsgesprächen fühle ich mich ruhig und sicher. Der Erfolg ist mir gewiss.

## Visualisierung ◆

Stellen Sie sich vor, wie Sie morgens von zu Hause zur Arbeit fahren, ein Gebäude betreten (wenn Sie im Büro arbeiten wollen) oder in eine Fabrikhalle gehen (wenn Sie Arbeiter sind), wo Sie von netten Kollegen begrüßt werden. Sehen Sie sich Ihre Arbeit kompetent verrichten und dann abends zufrieden nach Hause gehen.

# Tipps

Lassen Sie sich nicht von Unkenrufen anderer oder durch negative Statistiken aus der Fassung bringen. Auch wenn die Arbeitsmarktlage im Moment nicht rosig aussieht, können Sie trotzdem eine Stelle finden. Sie brauchen schließlich nur *eine*!

Seien Sie flexibel und halten Sie sich nicht an fixen Vorstellungen fest. Ein Umzug oder ein Weiterbildungskurs im Zusammenhang mit einer neuen Stelle mögen Ihnen beschwerlich vorkommen, können sich aber im Endeffekt als große Verbesserung Ihrer Umstände erweisen.

Nutzen Sie die Zeit der Arbeitslosigkeit, um sich weiterzubilden. Eventuelle neue Arbeitgeber lassen sich davon beeindrucken, dass Sie nicht nur traurig zu Hause herumsitzen, sondern sich aktiv um Ihre berufliche Weiterentwicklung kümmern.

Überlegen Sie, ob Sie wirklich alle Möglichkeiten ausgeschöpft haben, eine neue Stelle zu finden. Erzählen Sie so vielen Leuten wie möglich, dass Sie einen neuen Arbeitsplatz suchen. So mancher hat eine Stelle gefunden, weil er jemanden kannte, der über drei Ecken von einem Arbeitsplatz hörte.

Halten Sie eine regelmäßige Tagesroutine ein, auch wenn Sie im Moment nicht arbeiten. Stehen Sie morgens rechtzeitig auf und unternehmen Sie jeden Tag etwas, um eine neue Stelle zu finden.

Haben Sie Angst vor Vorstellungsgesprächen oder können Sie sich nicht gut verkaufen, wenn Sie mit einem potenziellen neuen Arbeitgeber sprechen? Nutzen Sie jetzt die Gelegenheit, sich nicht nur Selbstvertrauen in Vorstellungsgesprächen anzueignen, sondern stellen Sie auch sicher, dass Sie sich aller Ihrer starken Seiten bewusst sind. Machen Sie eine Liste, auf der Sie alles aufzählen, was Sie einem neuen Arbeitgeber zu bieten haben, und üben Sie, flüssig darüber zu sprechen.

# Arbeitswut

Ein Mensch, der ständig mehr arbeitet als nötig, ohne dazu von anderen gedrängt zu werden, hat ein Verhaltensproblem. Arbeitswütige arbeiten auch dann, wenn sie krank sind, und sprechen dauernd über ihre Arbeit.

## Affirmationen ■

Ich darf es mir erlauben, Pausen zu machen und freie Tage einzulegen. Das steht meiner Gesundheit rechtmäßig zu.
Allmählich legt sich meine innere Unruhe und ich fange an, meine Arbeit mit größerer Gelassenheit zu verrichten.
Ich mache mir selbst die Freude, meinem Leben außerhalb der Arbeit einen Sinn zu geben.

## Positiv-Skript ●

Ich kann lernen, mit größerer Ruhe an meine Arbeit heranzugehen. Ich habe beschlossen, meiner Arbeit Herr zu werden, damit die Arbeit nicht mehr Herr über mich ist. Meine Gedanken beruhigen sich allmählich und ich kann mich langsamer bewegen. Langsam spüre ich, wie angenehm es ist, mit größerer Gelassenheit zu agieren. Ich kann lernen, die Kontrolle zurückzugewinnen, die ich in letzter Zeit abgegeben habe. Es tut mir gut, langsamer zu arbeiten und mir Ruhepausen zu gönnen. Ich darf sogar früher Schluss machen, und das ist auch in Ordnung. Langsam, aber sicher gewöhne ich mich an einen kürzeren Arbeitstag und lerne es, meine Freizeit zu genießen. Ich entdecke mit Vergnügen und Freude neue Seiten des Lebens, die mir bislang entgangen waren. Ich verteile meine Einsatzkraft jetzt gleichmäßiger zwischen Arbeit und Freizeit. Meine innere Ruhe bei der Arbeit hilft mir, mehr schneller zu verrichten, sodass ich beruhigt früher nach Hause gehen kann.

## Visualisierung ◆

Stellen Sie sich vor, wie Sie *langsam* an Ihren Arbeitsplatz gehen, *gemächlich* anschauen, was an Arbeit ansteht, und *bedächtig* arbeiten.

# Tipps

Fragen Sie sich einmal, was hinter Ihrer Arbeitswut steckt. Wollen Sie damit mehr Macht über andere gewinnen? Tun Sie es, um jemand anderem, Ihrer Frau und Ihren Kindern, einen besseren Lebensstandard bieten zu können? – Machen Sie sich bitte klar, dass Sie sich allmählich von Ihren Mitmenschen isolieren, wenn Sie mit Ihrer Arbeitswut weitermachen. Das hat zur Folge, dass Sie einsam werden. Ist Ihnen die Sache das wirklich wert?

Reduzieren Sie die Stundenzahl, die Sie bei der Arbeit verbringen. Das geht natürlich nicht auf einmal: Lassen Sie sich ruhig Zeit. Reduzieren Sie zunächst fünf Stunden pro Woche. Das führt zunächst zu »Entzugserscheinungen«: Sie fühlen sich unruhig und leer, während Sie nichts tun, was mit Ihrer Arbeit in Verbindung steht. Denken Sie sich einen entspannenden »Zeitfüller« für diese fünf Stunden aus, etwa Musik hören, spazieren gehen usw. Reduzieren Sie Ihre Arbeitswoche erst dann um weitere fünf Stunden, wenn Sie einen guten »Zeitfüller« gefunden haben!

Nehmen Sie sich mindestens einen ganzen Tag in der Woche frei, idealerweise einen Wochenendtag. Wenn Sie Familie haben, dann werden Ihre Kinder es zu schätzen wissen, dass Sie auch einmal zu Hause und ansprechbar sind.

Nehmen Sie keine zusätzliche Arbeit mehr an. Widerstehen Sie der Versuchung, die freien Stunden mit weiteren Arbeitsprojekten zu füllen. Ihre Gesundheit und Ihre Familie werden es Ihnen danken!

Fragen Sie sich einmal, ob Ihre Arbeitswut ein Vakuum in Ihrem Leben füllt. Wo fehlt es in Ihrem Leben wirklich, dass Sie sich so mit Arbeit eindecken? Gibt es etwas, wovor Sie davonlaufen? Es lohnt sich, den Tatsachen ins Auge zu sehen, denn dann können Sie die wahre Ursache ändern.

# Beförderung

Obwohl eine Beförderung ein Grund zum Feiern ist, kann sie gleichzeitig auch Ängste verursachen. Man verdient jetzt zwar mehr, hat aber auch mehr Verantwortung.

## Affirmationen ■

Mit Ruhe und Gelassenheit widme ich mich meinem neuen Aufgabenbereich.
Es macht mir Spaß, Neues zu lernen und an meinen neuen Aufgaben zu wachsen.
Ich kann mich leicht in die neue Materie einfinden und bin angenehm überrascht, wie viel leichter alles ist, als ich dachte.

## Positiv-Skript ●

Die Beförderung habe ich mir verdient! Andere erkennen meine Fähigkeiten an und darum darf ich selbst das Gleiche tun. Ich arbeite mich stetig und in aller Ruhe in die neue Materie ein. Es fällt mir leicht, neue Zusammenhänge zu erkennen und neue Aufgaben zu meistern. Wenn mir etwas nicht klar ist, kann ich leicht herausfinden, was ich wissen muss. Ich bin Neuem gegenüber offen und bleibe flexibel, während ich stetig an meinen neuen Aufgaben weiterarbeite. Es macht mir Spaß, mich gründlich in die Materie einzuarbeiten. Ich leiste mein Bestes und mein Bestes ist sehr gut. Auch bei großem Arbeitsanfall darf ich mir zwischendurch Pausen gönnen. Ich bin mir meines eigenen Wertes bewusst und achte darauf, dass ich voll arbeitsfähig bleibe, egal, wie viel anliegt.

## Visualisierung ◆

Stellen Sie sich vor, dass Sie ein Jahr voraus in die Zukunft schauen könnten. Malen Sie sich im Geiste aus, wie Sie inzwischen mit Routine und Können all die Aufgaben verrichten, die Ihre neue Stelle ausmachen. Sehen Sie sich selbstbewusst mit Kollegen/Kunden sprechen und stellen Sie sich vor, wie Sie Ihre Arbeit zügig und kompetent verrichten.

# Tipps

1 Seien Sie sich bewusst, dass Sie alles lernen können. Egal, was Sie heute nicht wissen, solange Sie mit Interesse lernen, sind die anfänglich fehlenden Kenntnisse schnell aufgeholt.

2 Scheuen Sie sich nicht, Fragen zu stellen, wenn Sie etwas nicht wissen. Fragen Sie *sofort*, wenn Sie etwas nicht verstehen, sonst wird es später peinlich, falls Sie so getan haben, als wäre Ihnen alles klar.

3 Machen Sie sich darauf gefasst, dass es eine Weile dauert, bis Sie sich in Ihrer neuen Stelle heimisch fühlen. Je nachdem, wie viel Neues Sie lernen müssen, kann es bis zu einem halben Jahr dauern, bis Sie eingearbeitet sind. *Das ist normal und kein Zeichen von Unfähigkeit!*

4 Verschleudern Sie Ihr höheres Gehalt nicht gleich in der ersten Woche. Warten Sie erst einmal ein halbes Jahr ab, bevor Sie ein Haus kaufen oder eine größere Anschaffung machen. Größere finanzielle Verpflichtungen setzen Sie unter enormen Druck, die neue Stelle nicht zu verlieren, und diesen Druck brauchen Sie gerade am Anfang wirklich nicht.

5 Bleiben Sie mit den Füßen auf dem Boden. Nur weil Sie befördert worden sind, heißt das nicht, dass Sie etwas Besseres sind. Halten Sie Kontakt zu alten Kollegen und seien Sie nett zu den Leuten, die für Sie arbeiten. Nicht Sie haben sich verändert, sondern nur Ihre Stelle.

6 Erhalten Sie sich einen Sinn für Humor. Auch wer befördert wurde, darf mal lachen.

7 Stellen Sie sicher, dass Sie neben der Arbeit noch ein Privatleben haben. Ihre Familie braucht Sie auch zu Hause, egal, ob Sie der Vater oder die Mutter sind.

# Berufswahl

Es ist gar nicht so einfach, sich für einen bestimmten Beruf zu entscheiden, besonders dann, wenn man noch jung ist und keine Erfahrung hat.

## Affirmationen ■

Ich verlasse mich auf meine Intuition und finde den richtigen Beruf sicher und schnell.
Alle meine Fähigkeiten und Talente führen mich sicher in den richtigen Beruf.
Der richtige Beruf ist schon zu mir unterwegs.

## Positiv-Skript ●

Ich entspanne mich jetzt ganz und gar und lasse mich in einen angenehmen Tagtraum versinken. Ich stelle mir ein Gefühl des Glücks und der Zufriedenheit vor und ganz allmählich entwickeln sich Bilder und Vorstellungen in meinem Kopf, die mich zur richtigen Berufswahl führen. Ich schaue mir diese Gedankenbilder vorurteilslos und mit großem Interesse an und entdecke Neues über mich selbst, das mir vorher nicht bewusst war. Neue Ideen kommen mir leicht und schnell und ich verfolge jeden neuen Einfall sofort durch Nachforschungen und Erkundigungen. Die richtige Berufswahl ist mir wichtig und ich verwende gerne Zeit darauf, mir Gedankenbilder anzuschauen, die mich zu meinem Ziel führen. Ich freue mich schon jetzt darauf, die endgültige Wahl zu treffen. Jeder Tag bringt mich meinem idealen Beruf näher. Ich bin mit Freude und Begeisterung bei der Sache, ich ziehe viele Erkundigungen ein und verlasse mich bei meiner Wahl ganz auf mein Bauchgefühl.

## Visualisierung ◆

Denken Sie immer wieder mit geschlossenen Augen: »Ich bin sehr glücklich in meinem Beruf.« Achten Sie darauf, welche Gedankenbilder vor Ihrem geistigen Auge entstehen. In was für einer Umgebung befinden Sie sich? Was tun Sie?

# Tipps

1. Sprechen Sie mit Leuten, die Sie kennen und mögen. Lassen Sie sich sagen, worin diese Freunde oder Verwandten Ihre Stärken erkennen und in welchem Beruf sie Sie sehen. Das heißt nicht, dass andere Leute am besten beurteilen können, welcher Beruf zu Ihnen passt, aber die Meinungen anderer können Ihnen wertvolle Anregungen geben.

2. Überlegen Sie einmal, welche Dinge Ihnen im Leben leicht fallen. Tun Sie Dinge lieber alleine oder ist Ihnen die Gesellschaft anderer Leute wichtig? Können Sie gut selbstständig arbeiten oder ist es Ihnen lieber, unter Anleitung eine Arbeit auszuführen? (Nehmen Sie hierbei ruhig Ihre Erfahrungen aus der Schulzeit zu Hilfe.) Sind Sie eher analytisch und rational oder macht Ihnen Kreatives mehr Spaß? Und so weiter.

3. Schreiben Sie eine Selbsteinschätzung. Stellen Sie sich dabei vor, Sie sprächen über einen guten Freund oder eine gute Freundin, etwa so: »Sie ist sehr zuverlässig und sieht schnell, wo Not am Mann ist.« Schreiben Sie dabei hauptsächlich positive Eigenschaften auf, die Sie an sich schätzen, denn das sind Ihre Stärken, die Sie in Ihren Beruf einbringen können. – Indem Sie den Bericht so schreiben, als sprächen Sie über jemand anderen, können Sie das Gesagte objektiver beurteilen. Welcher Beruf erscheint Ihnen für eine Person mit diesen Eigenschaften geeignet?

4. Gehen Sie zur professionellen Berufsberatung, am besten, wenn Sie schon eine vage Vorstellung Ihres Berufswunsches haben. Nutzen Sie Ihren Termin dazu, neue Ideen zu bekommen und sachliche Fragen zu klären, etwa über Ausbildung, Einkommensmöglichkeiten und so weiter. Auch die dort durchgeführten Eignungstests können wertvolle Hinweise darauf geben, in welche berufliche Richtung Sie gehen könnten.

5. Lassen Sie letztendlich Ihr Bauchgefühl entscheiden.

# Durchsetzungsvermögen

Sowohl zu Hause als auch im Beruf ist es wichtig, sich ab und zu durchzusetzen. Das sollte natürlich nie dazu führen, dass man die Wünsche anderer unberücksichtigt lässt oder einfach übergeht.

## Affirmationen ■

Es ist völlig in Ordnung, wenn ich meine Meinung sage und auch dabei bleibe.
Ich kann lernen, mich höflich, ruhig und sicher durchzusetzen.
Ich bleibe standhaft, komme, was da wolle.

## Positiv-Skript ●

Ich bin rücksichtsvoll und verlange Rücksicht. Ich höre anderen aufmerksam zu und verlange, dass andere mir aufmerksam zuhören. Ich gehe auf die Bedürfnisse anderer ein und erwarte, dass auch auf meine Bedürfnisse Rücksicht genommen wird. Ich lasse andere zu Wort kommen, und das gibt mir das Recht, auch gehört zu werden. Meine Meinung zählt, genau wie die der anderen Menschen um mich herum. Wenn meine Bedürfnisse übergangen werden, dann habe ich ein Recht darauf, bessere Behandlung zu verlangen und mich durchzusetzen. Wenn man mich oft ausnutzt, dann habe ich ein Recht darauf, mich dagegen zu wehren. Ich bleibe ruhig und höflich, sage aber bestimmt meine Meinung. Ich bleibe am Ball, bis ich mich durchgesetzt habe. Niemand hat das Recht, mich auszunutzen oder schlecht zu behandeln. Es ist wichtig, dass ich mich durchsetze, denn ich bin ein genauso wertvoller Mensch wie alle anderen. Ich kann ruhig und gelassen sprechen und bleibe jederzeit höflich, während ich gleichzeitig mit Nachdruck meine Wünsche vorbringe.

## Visualisierung ◆

Denken Sie an eine Situation aus der nahen Vergangenheit, in der Sie sich durchsetzen wollten, es aber nicht geschafft haben. Entspannen Sie sich zunächst einmal und üben Sie im Geiste, wie Sie sich ruhig und höflich in der gleichen Situation durchsetzen. Stellen Sie sich den erfolgreichen Ausgang vor.

# Tipps

Gehen Sie bitte nicht überall mit Ihren Problemen hausieren, sondern überlegen Sie sich, wie Sie sich am besten bei *der* Person durchsetzen können, die Ihnen das ursprüngliche Problem beschert hat. Die anderen können zuhören, doch der Einzige, mit dessen Hilfe Sie die Angelegenheit aus der Welt schaffen können, ist derjenige, der das Problem verursacht hat.

Versuchen Sie nicht, ein Lösungsgespräch zu führen, wenn Sie oder Ihr Gegenüber keine Zeit haben. Hastige Gespräche zwischen Tür und Angel werden schnell vergessen, denn der andere ist in Gedanken schon ganz woanders. Vereinbaren Sie lieber einen Termin, an dem Sie beide Zeit haben.

Versuchen Sie nicht, ein Lösungsgespräch zu führen, wenn Sie noch sehr ärgerlich oder den Tränen nahe sind. Man wird Sie wesentlich ernster nehmen, wenn Sie wissen, wovon Sie sprechen und Sie nicht völlig aus dem Häuschen sind.

Bereiten Sie sich auf das klärende Gespräch vor. Überlegen Sie, was Sie sagen wollen. Werden Sie sich klar darüber, was Sie wollen. Wenn Sie selber nur eine vage Lösungsidee haben, dann wird es schwierig, im Gespräch ein Resultat zu erzielen, mit dem Sie zufrieden sind.

Reden Sie im Klärungsgespräch nicht ständig darüber, was der andere falsch gemacht hat, sondern drücken Sie stattdessen höflich, aber klar aus, was Sie anders haben möchten.

Lassen Sie sich nicht vom Thema abbringen. Wenn Ihr Gegenüber anfängt, Ihnen alte Fehler an den Kopf zu werfen, kontern Sie: »Es kann schon sein, dass ich früher allerhand falsch gemacht habe, aber ich möchte trotzdem, dass du in Zukunft ...« Wiederholen Sie dann, welche Verhaltensänderung Sie sich von Ihrem Gegenüber wünschen.

# Entscheidungslosigkeit

Wer sich immer wieder vor Entscheidungen drückt, irritiert damit nicht nur seine Mitmenschen, sondern verhindert auch, dass er das bekommt, was er gerne hätte.

## Affirmationen ■

Ich übernehme jetzt die Verantwortung für mein Leben und treffe die Entscheidung, die mir spontan als die richtige erscheint.
Ich kann lernen, mich klar zu entscheiden und für meine Entscheidung die Verantwortung zu übernehmen.
Ich entscheide mich jetzt klipp und klar, egal, was danach passiert.

## Positiv-Skript ●

Ich übernehme ab sofort die Verantwortung für mein eigenes Leben. Ich lasse mir von niemandem etwas vorschreiben und treffe daher ab jetzt meine eigenen Entscheidungen, egal, ob diese richtig oder falsch sind. Es ist mir jetzt alles egal: Ich entscheide mich einfach. Danach setze ich mich hundertprozentig für meine Wahl ein und tue alles, um dieser Entscheidung zum Erfolg zu verhelfen. Es gelingt mir von Tag zu Tag besser, die richtigen Entscheidungen zu treffen. Es macht mich zufrieden, mein Leben und meine Zukunft selbst in die Hand zu nehmen. Ich treffe alle meine Entscheidungen nach bestem Wissen und Gewissen. Ich überprüfe die Machbarkeit aller Möglichkeiten, bevor ich meine letzte Wahl treffe. Ich sehe allmählich immer besser, worauf es bei der richtigen Wahl ankommt. Auch Fehlentscheidungen bringen mich weiter, denn ich lerne aus ihnen. Ich kann mich leicht entscheiden.

## Visualisierung ◆

Stellen Sie sich im Geiste die Auswahl der möglichen Entscheidungen als Schlagwörter vor, zum Beispiel »Weiterbildende Schule« und »Geldverdienen«. Schauen Sie beide Wörter vor Ihrem geistigen Auge an und warten Sie, bis ein Wort heller leuchtet – entscheiden Sie sich dann dafür.

# Tipps

Holen Sie so viel Information wie möglich zu jeder Ihnen zur Verfügung stehenden Möglichkeit ein, wenn es bei Ihrer Entscheidung um ein sachliches Thema geht. Wer besser informiert ist, kann eher die richtige Entscheidung treffen.

Geht es um eine rein persönliche Entscheidung, dann testen Sie gefühlsmäßig, welche der Möglichkeiten sich besser anfühlt. Nehmen wir einmal an, Sie können sich nicht entscheiden, ob Sie Ihre gegenwärtige Freundin heiraten sollen oder nicht. Stellen Sie sich mit geschlossenen Augen vor, Sie wären mit Ihrer Freundin verheiratet, *und achten Sie darauf, wie Ihr Körper reagiert.* Haben Sie ein flaues Gefühl im Magen? Wenn ja, dann trennen Sie sich lieber. Auch ein neutrales Gefühl reicht nicht für ein Ja-Wort. Haben Sie dagegen ein gutes Gefühl bei der Vorstellung, dann machen Sie ihr endlich einen Antrag!

Bei manchen Entscheidungen, die Sie im Leben treffen müssen, sind eine Menge anderer Menschen um Sie herum mitbetroffen. Tragen Sie die Bürde nicht alleine, sondern sprechen Sie mit allen anderen, die Ihre Entscheidung etwas angeht. Setzen Sie sich möglichst um einen Tisch und beratschlagen Sie, welcher Kompromiss am ehesten tragbar ist. Wer sich bewusst von diesen Besprechungen ausschließt, kann auf den Entscheidungsprozess keinen Einfluss nehmen und braucht auch nicht berücksichtigt zu werden.

Denken Sie daran: Niemand kann vorhersagen, wie sich eine Entscheidung letztendlich auswirkt. Manchmal ändern sich die Umstände so, dass eine zunächst richtige Entscheidung sich letztendlich doch ungünstig für Sie auswirkt. Genauso kann aber auch eine vermeintlich unkluge Entscheidung zu Ihrem Vorteil ausschlagen, einfach weil die Umstände sich plötzlich ändern und sich günstig für Sie auswirken.

# Pensionierung

Wenn die Zeit kommt, von der Arbeit Abschied zu nehmen, dann verliert der Betroffene nicht nur seinen Arbeitsplatz und die damit verbundene Tagesroutine, sondern auch das mit der Arbeit verbundene Sozialleben.

## Affirmationen ■

Ich kann mich in aller Ruhe auf mein neues Leben einstellen und gewinne meiner Pensionierung jeden Tag neue, gute Seiten ab.
*Endlich* kann ich genau das machen, was ich will! Jetzt fängt der Spaß erst richtig an!
Ich freue mich auf einen spannenden Neuanfang mit vielen neuen Aufgaben und Interessen.

## Positiv-Skript ●

Meinem neuen Lebensabschnitt sehe ich mit froher Erwartung entgegen. Es macht mir Spaß, Pläne zu schmieden und Neues auszuprobieren. Meinen Hobbys und Interessen kann ich jetzt mit Hingabe nachgehen. Ich vertiefe mich ganz und gar in mein neues Leben und werde immer fröhlicher. Ich kann jetzt endlich das Leben leicht nehmen und mich ganz meinem Sozialleben widmen. Ich gewinne leicht und schnell neue Freunde und pflege mit Hingabe Kontakt zu alten Freunden. Jeder ist hingerissen von meiner guten Laune und positiven Ausstrahlung. Ich blühe richtiggehend auf und freue mich, meine Arbeit in der Firma/Fabrik/im Geschäft an andere abgeben zu können. Nie hätte ich gedacht, wie wohl ich mich als Pensionär/in fühlen kann. Ich entdecke so viel Neues, das mich interessiert und womit ich mich jetzt ausführlich beschäftigen kann. Die Verantwortung meiner Arbeitsstelle kann ich jetzt abstreifen wie einen alten Mantel.

## Visualisierung ◆

Stellen Sie sich vor, wie Sie sich fröhlich lachend mit alten und neuen Freunden, Bekannten und Verwandten unterhalten, lebhaft diskutieren und gemeinsam etwas unternehmen.

# Tipps

Wenn Ihnen die Pensionierung noch bevorsteht, dann fangen Sie jetzt schon an, sich ein Hobby zuzulegen. Schieben Sie es nicht bis zur letzten Minute auf, sich ein Leben außerhalb der Arbeit aufzubauen. Wenn Sie schon vor der Pensionierung auf einem oder mehreren Interessengebieten engagiert sind, verläuft der Abschied von der Arbeit wesentlich leichter.

Stellen Sie sich auch auf anfängliche Umstellungsprobleme zu Hause ein. Wenn Sie jetzt den ganzen Tag Zeit haben, kann das für Ihren Ehemann oder Ihre Ehefrau eine Umstellung erfordern, besonders, wenn er oder sie es gewohnt waren, tagsüber alleine im Haus zu »regieren«. Setzen Sie sich vielleicht ein paar Wochen nach Ihrer Pensionierung zusammen und besprechen Sie eventuelle kleine Unstimmigkeiten, die sich in den ersten Wochen gezeigt haben.

Gestehen Sie sich selbst etwas Zeit zu, sich an Ihre Pensionierung zu gewöhnen. Es ist eine ziemlich große Umstellung, nicht mehr jeden Tag zur Arbeit zu müssen. Wenn Ihnen die tägliche Arbeit fehlt, suchen Sie sich etwas anderes, das Sie tun können. Es gibt viele wohltätige Organisationen, die sich über freiwillige Helfer freuen. Erkundigen Sie sich, was es für Sie zu tun gäbe, das Sie interessieren könnte.

Suchen Sie sich Freizeitbeschäftigungen. Das braucht nichts Nützliches zu sein, sondern sollte Ihnen hauptsächlich Spaß machen. Wenn es darüber hinaus noch nützlich ist, umso besser. Das beste Mittel gegen vorzeitiges Altern ist, sich für Neues zu interessieren. Dadurch bleiben Sie auch für andere interessanter.

Wenn Sie verwitwet oder geschieden sind und nicht viel reisen, könnte ein Haustier ein idealer Hausgenosse sein. Jetzt haben Sie Zeit, sich um ein Tier zu kümmern.

# Stress (Arbeitsplatz)

Wenn viel los ist bei der Arbeit, kann es passieren, dass man irritiert wird, unkonzentriert arbeitet und dadurch Fehler macht. Entsprechend schwer wird es dann, abends zu Hause abzuschalten und einzuschlafen.

## Affirmationen ■

Ich schalte jetzt einen Gang herunter und arbeite in Ruhe weiter.
Ich darf meine Anspannung in aller Ruhe entlassen.
Mein Atem wird tiefer und ruhiger und wohltuende Ruhe durchströmt mich.

## Positiv-Skript ●

Ich kann alle mir übertragenen Aufgaben in Ruhe angehen. Besonnen und ruhig mache ich mich daran, eine Sache nach der anderen zu erledigen. Das Tempo meiner Arbeit bestimme nur ich alleine und ich lege ein mäßiges, aber zügiges Tempo fest. Ich erledige meine Aufgaben gut und richtig. Alles, was ich brauche, ist schon da. Was fehlt, kann ich leicht besorgen. Was ich wissen muss, kann ich leicht herausfinden. In aller Ruhe und Gelassenheit mache ich mich an meine Arbeit. Es ist eine Freude zu sehen, wie gut mir alles gelingt. Kleine Stolpersteine räume ich in aller Ruhe aus dem Weg, sodass ich mich stetig auf mein Ziel zu bewegen kann. Was ich an Neuem lernen muss, prägt sich mir schnell und leicht ein. Meine innere Ruhe ist felsenfest. Mein unerschütterlicher Glaube an mich selbst und meine Fähigkeiten helfen mir, alle Aufgaben gut und kompetent zu erledigen.

## Visualisierung ◆

Stellen Sie sich vor, wie Sie im Büro oder in der Fabrik ruhig und stetig arbeiten, wie Ihnen die Arbeit gut von der Hand geht und wie Sie hervorragende Resultate erzielen. Sehen Sie sich ruhig und selbstbewusst mit Ihrem Chef sprechen, mit Kunden, mit Arbeitskollegen. Oder beobachten Sie sich dabei, wie Sie eine handwerkliche Arbeit geschickt fertig stellen.

# Tipps

Gerade, wenn Sie großen Stress haben, sollten Sie Ihr Arbeitstempo verlangsamen. Wenn Sie völlig irritiert sind, dann legen Sie weg, was Sie gerade tun, und gehen Sie einmal vor die Tür oder um den Block, um sich innerlich abzukühlen.

Machen Sie grundsätzlich nur *eine* Sache. Wer Stress hat, fängt oft zehn Sachen an und bringt keine zu Ende. Dadurch steigert sich das Chaos im Kopf aber nur. Darum also immer eins nach dem anderen erledigen!

Machen Sie regelmäßig kleine Pausen, damit sich Körper und Geist einen Moment erholen können.

Vergessen Sie das Atmen nicht! Wer angespannt ist, atmet nur flach durch den Brustbereich, sodass die Lungen nur halb gefüllt werden. Dadurch bleibt eine Restspannung im Magen bestehen und es gelangt nicht genug Sauerstoff ins Gehirn. Deswegen kommt es zu Konzentrationsmangel, der wiederum zu Fehlern führen kann und Stress verursacht.

Vergessen Sie das Essen nicht! Manche Menschen können nicht mehr essen, wenn sie Stress haben. Das führt aber zu einem Energiemangel, denn das Gehirn braucht Kalorien, um funktionieren zu können. Haben Sie immer etwas zu essen dabei und essen Sie öfter kleine Portionen. Wenn's geht, vermeiden Sie einseitige Kost. Es darf ruhig auch mal ein Riegel Schokolade sein, aber wechseln Sie mit etwas Obst und vielleicht einer Suppe ab, sodass Sie tagsüber Verschiedenes zu sich nehmen.

Wenn Sie mit Ihrem Partner/Ihrer Partnerin über die Arbeit reden möchten, dann bitte *bevor* Sie ins Bett gehen. Das Bett ist zur Entspannung da, nicht zur Problemlösung.

# Stress (zu Hause)

Nur weil man keiner bezahlten Arbeit nachgeht, heißt das noch lange nicht, dass man von Stress verschont bleibt. Auch Hausfrauen können zu viel am Hals haben und unter innerer Spannung leiden, weil alles mal wieder drunter und drüber geht.

## Affirmationen ■

Ich kümmere mich um andere und darf mich aber auch um mich selbst kümmern.
Meine Arbeit ist wichtig und wertvoll und ich zolle mir Anerkennung dafür.
Auch ich darf mir ab und zu eine Pause gönnen.

## Positiv-Skript ●

Ich darf alles ruhig langsamer angehen. Andere müssen auch einmal warten. Ich bestimme das Tempo meiner Arbeit und lasse mir Ruhe für das, was es zu tun gibt. Immer eines nach dem anderen. Es darf auch ruhig einmal etwas liegen bleiben. Das ist völlig in Ordnung. Ich habe ein Recht darauf, mich auch einmal zu entspannen. Es ist wichtig, dass es mir gut geht, denn nur dann kann ich andere glücklich machen und meine Arbeit gut verrichten. Lachen ist wichtiger als Ordnung. Mit jedem Tag werde ich ruhiger und selbstsicherer. Ich gebe Anweisungen klar und deutlich und in aller Ruhe. Ich bin freundlich, aber bestimmt und bestehe darauf, dass andere ihren Teil zur Arbeit beitragen. Dabei bin ich bester Laune, denn ich genieße es immer mehr, meine eigenen Bedürfnisse ernst zu nehmen und mich selbst zu schätzen. Mit jedem Tag werde ich ruhiger und gelassener.

## Visualisierung ◆

Stellen Sie sich vor, wie Sie freundlich, aber bestimmt mit den Kindern umgehen. Malen Sie sich aus, wie Sie gut gelaunt die Hausarbeit erledigen, ihre Einkäufe machen und mit den Kindern spielen, sie aber auch zum Helfen anleiten, indem Sie ihnen kleine Aufgaben zuteilen. Sehen Sie sich außerdem im Geiste, wie Sie sich während einer Pause wohlig in einem Sessel räkeln.

# Tipps

Erziehen Sie Ihre Familie möglichst frühzeitig zum Helfen. Ob Sie nun Hausfrau oder Hausmann sind, Sie können von Ihrem/Ihrer Partner/Partnerin und Kindern erwarten, dass sie kleinere oder größere Aufgaben im Haushalt übernehmen. Rücksicht sollte allerdings auf den Partner genommen werden, wenn er/sie ganztags außer Haus arbeitet und Sie Ihrerseits für den Haushalt zuständig sind. In so einem Falle sollten nur über das Wochenende die Arbeiten geteilt werden.

Versteifen Sie sich nicht auf Perfektionismus. Ihre Gesundheit und gute Laune sind wichtiger als ein tipptopp aufgeräumtes Wohnzimmer, das ein einziges Kleinkind innerhalb von fünf Minuten wieder in ein Schlachtfeld verwandeln kann!

Schaffen Sie sich kleine persönliche Freiräume in Ihrem Tagesablauf. Statt noch weiter aufzuräumen, während Ihr Kind schläft, setzen Sie sich zehn Minuten mit einer Tasse Tee hin, bevor Sie mit der Arbeit weitermachen. Vielleicht können Sie auch unter der Woche mit einer anderen Mutter arrangieren, dass Sie beide im Wechsel ein paar Stunden nach den Kindern schauen, damit jede etwas Zeit hat, auszuspannen oder alleine einkaufen zu gehen.

Stellen Sie sicher, dass Sie unter der Woche mit Erwachsenen sprechen, und wenn es geht, nicht nur über Kinder. Wenn Sie die Energie dazu haben, laden Sie auch ab und zu Freunde zu sich ein, damit der Kontakt nicht abreißt.

Verschwenden Sie keine wertvolle Energie damit, Sachen in sich hineinzufressen. Wenn Sie mit etwas im Familienleben nicht zufrieden sind, sprechen Sie darüber. Schreien Sie nicht, schimpfen Sie nicht – sprechen Sie darüber. Was Sie nicht mit sich herumtragen, schadet Ihnen weniger als Sorgen oder Beschwerden, die Sie nicht aussprechen. Je schneller Sie darüber sprechen, desto eher können Sie gemeinsam eine Lösung finden.

# Vorstellungsgespräch

Wer sich bei der Bewerbung nicht gut verkaufen kann, weil er nervös ist, hat einen Nachteil anderen Kandidaten gegenüber, die selbstsicher auftreten. Ein Arbeitgeber schließt oft von Ihrer Sprachgewandtheit im Vorstellungsgespräch auf Ihre allgemeine Kompetenz.

## Affirmationen ■

Ich weiß, was ich wert bin, und vermittle das auf positive Weise.
Ich freue mich auf ein gelungenes Vorstellungsgespräch.
Es macht mir Spaß, über meine Fähigkeiten Auskunft zu geben.

## Positiv-Skript ●

Ich weiß, wer ich bin und was ich kann. Ich habe mich gut auf mein Vorstellungsgespräch vorbereitet und freue mich darauf, mich der Firma vorzustellen. Ich bin ruhig und gelassen, mein Atem geht gleichmäßig und ich kann mich leicht und frei bewegen beim Sprechen. Fragen, die mir gestellt werden, beantworte ich mit Leichtigkeit. Ich erzähle mühelos von meiner bisherigen Berufserfahrung. Ich fühle mich wohl in meiner Rolle als Arbeitssuchende/r und verstehe es bestens, meine Talente und Fähigkeiten darzustellen. Meine Fragen über die Stelle und die Firma stelle ich ruhig und sachlich und höre aufmerksam auf die Antworten, die man mir gibt. Mir ist es wichtig, herauszufinden, ob sich diese Stelle für mich eignet. Ich weiß, was ich wert bin, und habe eine klare Gehaltsvorstellung, die ich sicher und ruhig vorbringen kann, wenn ich danach gefragt werde. Egal, zu wie vielen Vorstellungsgesprächen ich eingeladen werde, ich bleibe ruhig und gelassen und zeige mich von meiner besten Seite. Es gelingt mir leicht, einen guten Eindruck zu hinterlassen.

## Visualisierung ◆

Stellen Sie sich vor, wie Sie, gut angezogen und gut gelaunt, zu Ihrem Vorstellungsgespräch gehen. Sehen Sie vor Ihrem geistigen Auge, wie Sie sich frei bewegen und flüssig sprechen, aufmerksam zuhören und alle Fragen mit Leichtigkeit beantworten.

# Tipps

Bereiten Sie sich auf das Vorstellungsgespräch gut vor. Machen Sie eine Liste all Ihrer Kenntnisse und Fähigkeiten, die Sie zum richtigen Kandidaten für die ausgeschriebene Stelle machen.

Üben Sie zu Hause, von Ihrer bisherigen Berufserfahrung zu erzählen. Tun Sie das bitte laut und üben Sie es einmal täglich – mindestens drei Tage lang vor dem Vorstellungstermin.

Seien Sie sich bewusst, dass nicht nur Sie beim Vorstellungsgespräch unter die Lupe genommen werden, sondern auch die Firma, bei der Sie sich bewerben. Erstarren Sie also nicht gleich in Ehrfurcht, weil Sie zu einem Gespräch eingeladen werden. Denken Sie ruhig darüber nach, ob die Firma gut genug für Sie ist, statt sich immer nur darauf zu konzentrieren, ob Sie gut genug für die Firma sind.

Denken Sie auch darüber nach, was Sie über die Firma und die Stelle wissen wollen, denn es ist wichtig, dass Sie die richtige Entscheidung treffen. Wenn Sie trotz Bedenken eine Stelle annehmen, die sich dann als unpassend entpuppt, müssen Sie bald wieder wechseln, und das sieht auf Ihrem Lebenslauf nicht gut aus.

Wenn Sie eine Fertigkeit nicht besitzen, die für die neue Stelle notwendig ist, Sie es sich aber zutrauen, sich diese Fertigkeit anzueignen, dann sagen Sie das beim Vorstellungsgespräch auch. »Das habe ich zwar noch nicht gemacht, aber ich habe eine gute Auffassungsgabe und kann das sicher schnell lernen« ist besser als so zu tun, als könne man etwas, nur um dann relevante Fragen zum Thema nicht beantworten zu können.

Wenn Sie sich bei einem Vorstellungsgespräch nicht wohl gefühlt haben, dann überlegen Sie einmal, ob der Personalchef eine unangenehme Art hatte und Sie damit aus dem Konzept gebracht hat. Fühlen Sie sich also nicht automatisch als Versager.

# Beziehungen

Wo Menschen zusammenkommen, gibt es Konflikte. Meinungsverschiedenheiten, Missverständnisse und Unstimmigkeiten lassen sich nicht immer vermeiden, egal, wie gut man sich sonst versteht. Gute Kommunikation und die Bereitschaft, über Probleme offen zu sprechen, sind jetzt wichtig, aber nicht jeder kann oder will einer Krise ins Auge schauen.

Wir können andere Menschen nicht ändern, nur uns selbst. Je besser wir uns anderen mitzuteilen lernen, desto eher werden Konflikte gelöst und desto positiver gestalten sich unsere Beziehungen zu anderen. Kommunikation ist besonders wichtig, wenn unerfreuliche Veränderungen in den Lebensumständen stattfinden, wie zum Beispiel eine Scheidung oder der Tod eines nahen Angehörigen. Hier ist es ausschlaggebend, dass Gefühle akzeptiert und ausgesprochen werden, um mit den Umständen fertig zu werden.

Jeder Mensch will im Grunde nur das eine, und das ist, geliebt und akzeptiert zu werden. Dazu muss er sich aber erst einmal anderen mitteilen können. Wer zu schüchtern ist, das zu tun, dem fällt es schwerer, Freundschaften zu schließen oder einen Partner zu finden. Dadurch wird er zum Außenseiter, der sich immer weiter in sein Schneckenhaus zurückzieht und somit mehr und mehr aus der Übung kommt, Gespräche zu führen und sich anderen mitzuteilen.

Ein weiteres Problem in Beziehungen ist, dass die Art und Weise der Kommunikation unangebracht ist. Wer schnell schmollt oder einen Wutanfall bekommt, wenn ihm etwas nicht passt, der macht nicht nur sich selbst das Leben schwer, sondern der eckt ebenso bei seinen Mitmenschen an. Auch ein Mangel an Hilfsbereitschaft oder Unzuverlässigkeit verärgert Freunde und Kollegen, sodass ein Problem entstehen kann, das angesprochen werden muss. Wer gut kommuniziert, ist eindeutig im Vorteil.

# Auseinandersetzungen

Wenn es in einer Beziehung oft zu Streit kommt, und besonders wenn dieser Streit laut wird und man sich dabei Gemeinheiten an den Kopf wirft, dann kann das eine Beziehung auf eine harte Probe stellen.

## Affirmationen ■

Ich kann lernen, meine Meinung ruhig und gelassen auszudrücken.
Ich kann konstruktiv sein und positive Lösungen für unsere Meinungsverschiedenheiten finden.
Ich darf meine Meinung in Ruhe sagen und gestehe anderen das gleiche Recht zu.

## Positiv-Skript ●

Es ist völlig in Ordnung, wenn ich anderer Meinung bin als mein Partner/meine Partnerin. Meinungsverschiedenheiten können in aller Ruhe besprochen und bereinigt werden. Auch wenn mein Partner Mühe hat, die Fassung zu bewahren, kann ich trotzdem ruhig bleiben. Nichts wirft mich aus der Bahn. Ich bleibe ruhig und sachlich und bringe das Gespräch immer wieder auf den Punkt. Nichts lenkt mich ab. Ich bringe meinen Standpunkt ruhig und sachlich vor und bin bereit, meinem Partner aufmerksam zuzuhören, wenn er seine Sichtweise darlegt. Ich stehe über der Sache und bleibe ruhig. Es geht mir darum, Missverständnissen vorzubeugen und bestehende auszubügeln. Das ist mir wichtig und darum bleibe ich am Ball, bis wir zusammen eine Lösung gefunden haben. Ich bin verständnisvoll und verlange Verständnis. Ich bringe meine Wünsche auf ruhige Art vor und gehe auch auf die Wünsche meines Partners/meiner Partnerin ein. Alles wendet sich schließlich zum Guten. Neue Wege öffnen sich mir schnell und leicht.

## Visualisierung ◆

Stellen Sie sich vor, wie Sie mit Ihrem Partner zusammensitzen und sachlich etwas ausdiskutieren. Sie brauchen dabei keine Worte zu hören. Es genügt, wenn Sie sich selbst ruhig und gesammelt sehen, auch wenn der Partner die Fassung verliert.

# Tipps

Besprechen Sie Wichtiges nie zwischen Tür und Angel. Vereinbaren Sie einen Zeitpunkt, zu dem Sie beide Zeit haben und sich in Ruhe zusammensetzen können. Das gibt Ihnen auch Zeit, sich zu überlegen, was Sie sagen und erreichen wollen.

Bereiten Sie sich auf die Unterredung vor. Werden Sie sich klar darüber, was Sie wollen, sodass Sie das klar und deutlich, aber ruhig vorbringen können. Wer nicht weiß, was genau er will, bekommt es auch nicht.

Gehen Sie von der Voraussetzung aus, dass Ihrem Gegenüber an einer Klärung gelegen ist, es sei denn, Sie wissen aus Erfahrung, dass dem nicht so ist. Wenn Sie mit einer positiven Haltung in das Gespräch einsteigen, erhöhen Sie damit Ihre Chancen, eine positive Reaktion von Ihrem Gesprächspartner zu bekommen.

Lassen Sie sich durch unsachliche Bemerkungen nicht aus dem Konzept bringen. Manche Klärungsgespräche enden im Streit, weil einer der Gesprächspartner – oder beide – den anderen persönlich angreifen. Anschuldigungen wie »Du bist so ein Egoist!« bringen nichts und verhindern nur, dass das Gespräch auf sachliche Weise fortgeführt werden kann. Wenn Ihnen Ihr Partner eine solche Anschuldigung an den Kopf wirft, dann können Sie am besten sachlich bleiben, indem Sie antworten: »Es kann schon sein, dass ich ein Egoist bin, aber ich möchte trotzdem, dass ...« Fahren Sie dann mit Ihrer ursprünglichen Bitte fort.

Gehen Sie auf Erpressungsversuche und indirekte Anspielungen nie ein. »Geh du ruhig aus, ich werde mich schon irgendwie anders beschäftigen« ist eine indirekte Ausdrucksweise, die besagt, dass man mit Ihrem Verhalten nicht einverstanden ist. Die emotionale Komponente (»Es geht mir schlecht, wenn du nicht bei mir bist«) soll Ihnen ein schlechtes Gewissen machen und Sie so von Ihrem Vorhaben abbringen.

# Ehe

Zur glücklichen Ehe gehören Liebe und Toleranz, und das nicht nur, wenn alles glatt läuft! Nur so können Probleme gemeinsam gelöst werden.

## Affirmationen ■

Mein Mann/meine Frau ist mein größter Schatz. Zusammen können wir es schaffen.
Ich bleibe standhaft. Ich halte zu meinem Mann/meiner Frau.
Ich kann all das Gute in meiner Ehe genießen. Meine Liebe bringt das Beste in meinem Mann/meiner Frau hervor.

## Positiv-Skript ●

Ich entspanne mich jetzt und denke mit Ruhe und Liebe an meinen Partner/meine Partnerin. Ich konzentriere mich ganz auf all seine/ihre guten Eigenschaften und erinnere mich an Zeiten, in denen ich in den Genuss dieser wertvollen Eigenschaften gekommen bin. Mit diesen schönen Erinnerungen lasse ich alle positiven Gefühle wieder an die Oberfläche meines Bewusstseins treten. Ich spüre, wie diese angenehmen Gefühle sich in meinem Körper und Geist ausbreiten und mir ein Gefühl der Stärke verleihen. Ich werde von guten und positiven Gefühlen durch meine Ehe getragen. Immer wieder fallen mir Begebenheiten ein, bei denen mein Mann/meine Frau das Richtige gesagt oder getan hat. Meine Liebe zu ihm/ihr wächst von Tag zu Tag. Ich fühle mich sicher und stark und drücke diese positiven Gefühle auch meinem Partner/meiner Partnerin gegenüber aus. Je mehr ich mich an Gutes erinnere, desto fester werden die Bande zwischen mir und meinem Mann/meiner Frau. Ich genieße die Wärme und Geborgenheit unserer Beziehung und merke immer mehr, wie mein Mann/meine Frau auf meine positive Einstellung ihm/ihr gegenüber mit Liebe reagiert.

## Visualisierung ◆

Stellen Sie sich vor, wie sich ein Band zwischen Ihnen und Ihrem Mann/Ihrer Frau entwickelt, das immer stärker wird. Das Band geht von Herz zu Herz und gibt Ihnen ein gutes Gefühl.

# Tipps

Die beste Voraussetzung für eine gute Ehe ist der richtige Partner. Nur wer den Mut hat, den falschen Partner nicht zu heiraten oder zu verlassen, wird den richtigen Ehepartner finden.

Erinnern Sie sich einmal daran, was Ihnen an Ihrem Mann/Ihrer Frau am Anfang der Ehe so gut gefallen hat. Hat er/sie diese guten Eigenschaften immer noch? Konzentrieren Sie sich in Zeiten der Krise besonders auf diese Pluspunkte, statt immer nur auf die weniger positiven Eigenschaften zu schauen. Hat Ihr Partner seine/ihre anfänglichen guten Eigenschaften nicht mehr, können Sie dann etwas dazu tun, diese wieder hervorzulocken?

Haben *Sie selbst* noch immer die guten Eigenschaften, die Sie am Anfang der Ehe hatten? Wenn nicht, fragen Sie sich einmal, ob Sie nicht mit etwas Einsatz wieder zu diesen guten Eigenschaften zurückfinden können. Erst dann können Sie sagen, dass Sie wirklich alles versucht haben, um Ihre Ehe zu verbessern oder zu retten.

Nicht immer ist es angebracht, eine Ehe weiterzuführen. Wenn Ihr Partner/Ihre Partnerin gewalttätig ist oder Sie verbal ständig angreift, dann sollten Sie gehen. Auch für Kinder ist es nicht gut, in so einer Beziehung aufzuwachsen.

Nehmen Sie ruhig Hilfe in Anspruch, wenn Ihre Ehe in einer Krise steckt. Oft können einige klärende Gespräche in der Eheberatung zu einer Problemlösung führen. Die Anwesenheit eines unparteiischen Dritten hilft bei der Klärung.

Sprechen Sie grundsätzlich mit Ihrem Partner, wenn etwas nicht in Ordnung ist. Schmollen Sie nicht und bestrafen Sie ihn/sie nicht durch schlechte Laune, sondern äußern Sie sich. Ungeklärtes sammelt sich an, gärt innerlich und wird zu einer Riesensache, wenn es unausgesprochen bleibt.

# Einsamkeit

Einsamkeit ist ein Gemütszustand und ist nicht das Gleiche wie Alleinsein. Man kann sich auch in einer Familie oder mit einem Partner einsam fühlen.

## Affirmationen ■

Ich beginne zu lernen, wie ich befriedigende Verbindungen zu anderen Menschen schaffen kann.
Ich kann jeden Tag selbst etwas dazu beitragen, erfüllter mit anderen zu leben.
Ich bin liebenswert und öffne mich dem Zusammensein mit anderen Menschen.

## Positiv-Skript ●

Ich bin liebenswert und ich habe die Fähigkeit, ein erfülltes und glückliches Leben mit anderen zu teilen. Alles, was ich brauche, steckt schon in mir, ich muss es nur gebrauchen. Die Vergangenheit darf ich hinter mir lassen und mich jetzt auf neue Ziele hin bewegen. Nur das Heute ist wichtig. Langsam erlaube ich meiner Persönlichkeit, sich positiv zu entfalten. Ich finde Gutes und Wertvolles in mir und lasse meine positiven Eigenschaften auf andere wirken. Ich bin ruhig und gehe zielstrebig auf ein erfüllendes Miteinander mit anderen Menschen zu. Ich freue mich, neue Menschen kennenzulernen. Ich lasse mich bereitwillig auf neue Erfahrungen ein und traue mich immer mehr, unter Leute zu gehen. Langsam wächst mein Selbstbewusstsein und mein Selbstvertrauen. Es macht mir Spaß, mit anderen Menschen zu reden. Ich interessiere mich für ihr Leben und erzähle mit innerer Ruhe und Freude von Dingen, die mir etwas bedeuten. Allmählich entwickeln sich einige neue Bekanntschaften zu Freundschaften und Beziehungen, die mich ausfüllen und glücklich machen.

## Visualisierung ◆

Stellen Sie sich vor, wie Sie mit verschiedenen Menschen sprechen und lachen und sich mit Umarmung begrüßen und verabschieden.

# Tipps

Verbringen Sie mehr Zeit mit Menschen, die Ihnen ein gutes Gefühl geben, und so wenig Zeit wie möglich mit denen, bei denen Sie sich ungemütlich fühlen. Sortieren Sie einmal in Ihrer Familie und Ihrem Bekanntenkreis gründlich aus, wer Ihnen gut tut und wer nicht.

Warten Sie nicht dauernd darauf, von anderen angesprochen oder eingeladen zu werden. Werden Sie aktiv und gehen Sie auf andere zu. Es braucht ja nicht gleich eine Dinnerparty zu sein. Eine Tasse Kaffee bei Ihnen zu Hause reicht auch, um eine Freundschaft anzukurbeln.

Nehmen Sie Einladungen an!

Unternehmen Sie etwas, um ein interessanter Mensch zu werden. Werden Sie so, wie Ihre besten Freunde sein sollten. Entwickeln Sie Interessen, denn wer sich interessiert, ist interessant. Es ist dabei egal, ob Ihr Interessengebiet etwas Nützliches ist oder nicht. Hauptsache, Sie können sich dafür begeistern. Damit schlagen Sie gleich drei Fliegen mit einer Klappe: Sie füllen Ihre Freizeit aus, lernen neue Menschen kennen, die zu Freunden werden können, und Sie haben etwas zu erzählen.

Trauen Sie sich, etwas Persönliches zu erzählen. Wer immer nur andere reden lässt und nichts von sich preisgibt, wird entweder als Kummerkasten-Tante ausgenutzt oder kommt in seinen Beziehungen nicht weiter. Offenheit lädt zu Offenheit ein. Sie brauchen ja nicht gleich beim ersten Gespräch mit Ihren intimsten Geheimnissen herauszurücken. Erzählen Sie einfach ein bisschen über Ihre Interessen, Ihren Beruf, Ihre Familie oder Ihren letzten Urlaub. Je nachdem, wie das Gespräch verläuft, können Sie mehr Persönliches preisgeben. Wenn Ihr Gegenüber dagegen gleich ganz offen über Persönliches erzählt, dann können auch Sie ruhig Näheres über sich selbst berichten, wenn Sie möchten.

# Elternschaft

Leider gibt es noch keine offizielle Ausbildung für diesen verantwortungsvollen Posten! Unbezahlt und mit vielen Überstunden kann das Elternsein aber trotzdem eine Menge Spaß machen, wenn man es richtig anpackt.

## Affirmationen ■

Meine Kinder sind meine Schätze, die ich über alles liebe.
Ich kann lernen, meine Kinder mit Liebe und Geduld zu erziehen.
Ich kann lernen, mich auf die Bedürfnisse meiner Kinder einzustellen und sie geduldig zu lehren, dass auch andere Menschen Bedürfnisse haben.

## Positiv-Skript ●

Mit Ruhe und Liebe lasse ich mich auf meine Rolle als Mutter/ Vater ein. Es macht mir Freude, die Entwicklung und unterschiedlichen Veranlagungen meiner Kinder zu beobachten und zu begleiten. In mir breitet sich ein angenehmes Gefühl der Gelassenheit aus. Meine innere Harmonie hat eine positive Wirkung auf alle Menschen um mich herum, auch auf meine Kinder. Wir haben viel Spaß miteinander und lachen oft. Probleme werden immer gleich besprochen und erledigt. Ich verbreite ein Gefühl der Offenheit und Herzlichkeit in meiner Familie. Jeder darf seine Meinung sagen. Die Bedürfnisse aller Familienmitglieder sind wichtig, und das darf ich meinen Kindern auch ruhig beibringen. Es macht mir große Freude, Mutter/Vater zu sein. Meine Kinder interessieren mich und ich begleite ihre Entwicklung mit Stolz und Freude. Bei uns herrscht eine gute Atmosphäre, in der sich auch Freunde meiner Kinder wohl fühlen. Ich nehme reges Interesse an den Aktivitäten meiner Kinder, gestehe ihnen aber auch Freiräume zu, in denen sie ungestört sein können.

## Visualisierung ◆

Sehen Sie sich mit Ihren Kindern sprechen und lachen, ihnen helfen und sie begleiten, wenn sie irgendwohin müssen.

# Tipps

Lesen Sie nicht zu viele Ratgeber zur Kindeserziehung, sonst wissen Sie am Ende gar nicht mehr, was Sie tun sollen.

Ihre Kinder sind Individuen, die ihre Eigenarten haben. Diese Eigenarten können sich grundlegend von Ihren eigenen unterscheiden. Das macht Ihre Kinder aber nicht automatisch zu Versagern. Trennen Sie sich also lieber von Ihren Wunschträumen für Ihre Kinder, als die Kinder zu vergraulen. Wenn Ihr Kind nicht das Zeug zum Anwalt hat, kann es trotzdem ein erfolgreicher Grundschullehrer werden, auch wenn Sie das so nicht geplant hatten.

Wenn Ihnen Ihre Kinder im Moment besonders auf die Nerven gehen, dann konzentrieren Sie sich auf Ihr Entspannungs-Skript (siehe S. 96).

Organisieren Sie Ihren Alltag so, dass Sie auch einmal von den Kindern frei haben. Entweder können Sie sich mit Freunden oder Nachbarn beim Kinderhüten abwechseln oder – wenn Sie das nötige Kleingeld haben – Sie holen sich gelegentlich einen Babysitter ins Haus, sodass Sie auch einmal einen Abend mit Ihrem Partner/Ihrer Partnerin alleine verbringen können. Glückliche Eltern haben glückliche Kinder.

Halten Sie alle Kommunikationskanäle zu Ihren Kindern offen. Wenn Sie offen über Probleme oder Schwierigkeiten sprechen (nicht streiten!), lassen die Kinder Sie später auch an ihrem Leben teilnehmen.

Erwarten Sie bitte nicht, dass Ihre Kinder Tugenden ans Tageslicht legen, die Sie selbst nicht vorzuweisen haben. Leben Sie Ehrlichkeit, Verlässlichkeit, Wärme und Fleiß vor, denn Kinder machen nach, was sie sehen. Das kann zwar manchmal eine Weile dauern, aber wenn der Apfel fällt, dann nicht weit vom Stamm!

# Flirten

Wenn Sie jemanden mögen und an ihm oder ihr als potenziellem Partner interessiert sind, dann ist es durchaus angebracht, ein bisschen mit ihm oder ihr zu flirten, um Ihr Interesse zu bekunden.

## Affirmationen ■

Ich darf auf freundliche und unaufdringliche Art mein Interesse an einem netten Mann/einer netten Frau zeigen.
Ich freue mich, wenn man mit mir flirtet, und darf auch selbst anderen Menschen diese Freude machen.
Ein Flirt ist völlig harmlos und unverbindlich und macht eine Menge Spaß.

## Positiv-Skript ●

Ich bin ein liebenswerter Mensch und ziehe nette Menschen an. Ich verlasse mich ganz auf meine Intuition und Gefühle und merke gleich, wann ich mich bei einem Gesprächspartner wohl fühle. Ich spreche leicht und frei und mir fällt sofort ein, was ich sagen möchte. Ich bin gelöst und freundlich und meine entspannte Art kommt gut an bei meinem Gegenüber. Ich lächle gern und viel und unser Gespräch läuft mühelos weiter. Flirten macht mir Spaß. Ich genieße es, einen neuen Menschen kennenzulernen. Dabei bleibe ich locker – ob etwas daraus wird, ist mir im Moment egal. Ich genieße unsere Unterhaltung und gebe meine Meinung über allgemeine Themen zum Besten. Andere dürfen ruhig wissen, was ich denke! Ich merke schnell, ob ich mit meinem Gegenüber auf der gleichen Wellenlänge bin, und entsprechend entwickelt sich mein Flirt von ganz alleine. Stoße ich auf Desinteresse, wandere ich fröhlich weiter, denn ich weiß, wer ich bin und was ich zu bieten habe.

## Visualisierung ◆

Sehen Sie sich im Geiste im angeregten Flirt mit einem netten Mann oder einer netten Frau. Dabei brauchen Sie in der Vorstellung nicht zu hören, was Sie mit dem/der anderen sprechen.

# Tipps

Wenn Ihnen jemand gefällt und Sie gerne Kontakt mit ihm/ihr aufnehmen wollen, dann machen Sie sich von dem Vorurteil frei, dass Sie etwas ungemein Originelles sagen müssen, um einen guten Eindruck zu machen. Der einfachste Gesprächsanfang ist immer der simpelste. Wenn Sie in der Kinoschlange stehen, fragen oder sagen Sie etwas zum Film, den Sie sich anschauen wollen. Wenn Sie jemanden bei der Arbeit mögen, dann machen Sie eine Bemerkung zu einem Thema, das etwas mit der Arbeit zu tun hat, und so weiter. Hauptsache, das Eis ist erst einmal gebrochen.

Achten Sie einmal einen Tag lang absichtlich darauf, welche Signale Sie von anderen Menschen bekommen. Schalten Sie auf Empfangsbereitschaft überall dort, wo sich viele Menschen aufhalten, zum Beispiel im Supermarkt, im Büro, in der Kantine oder im Theater in der Pause. Achten Sie darauf, bei welchen Menschen der Blickkontakt mit Ihnen etwas länger dauert. Ein längerer Blickkontakt signalisiert Interesse.

Vermeiden Sie es, beim Flirten mit der Tür ins Haus zu fallen. Laden Sie einen Herrn oder eine Dame nicht nach fünf Minuten schon zu sich nach Hause ein. Flirten ist lediglich das Bekunden eines Interesses. Wer dabei zu schnell vorgeht, vergrault sein Gegenüber oder vermittelt den Eindruck, dass ihm/ihr nur an einer oberflächlichen, sexuellen Beziehung liegt.

Beim Flirten geht es nicht darum, nur Intelligentes oder geistig Wertvolles von sich zu geben. Ein nettes Geplänkel, bei dem auch mal gelacht werden darf, eignet sich genauso gut wie eine ernsthafte Unterhaltung.

Wenn Sie merken, dass Ihr Gegenüber kein Interesse an einem Gespräch mit Ihnen hat, verabschieden Sie sich einfach sofort.

# Freundschaft

Jeder Mensch braucht Freunde. Sie sind wichtiger Bestandteil eines glücklichen Lebens und machen Schönes schöner und Schwieriges erträglicher. Es lohnt sich, in Freundschaften zu investieren und sie zu pflegen.

## Affirmationen ■

Ich kann anderen ein guter Freund sein und genieße meine Freundschaften.
Es fällt mir leicht, neue Freunde zu gewinnen und meine Freundschaften zu pflegen.
Ich verdiene es, mich mit guten Freunden zu umgeben.

## Positiv-Skript ●

Mit innerer Ruhe und Freude mache ich mich daran, neue Freunde zu gewinnen. Ich lasse mich draußen in der Welt sehen und mache mit, was das Leben zu bieten hat. Auf meiner Suche nach einem erfüllten Leben begegnen mir viele Menschen, von denen ich einige besonders mag. Es ist mir wichtig, gute Freunde zu haben, und so bemühe ich mich auf positive und unaufdringliche Weise um Menschen, an denen mir etwas liegt. Ich bin offen und freundlich. Ich bin ein netter Mensch und verdiene es, Freunde zu haben. Es macht mir Spaß, mich um andere zu bemühen. Meine positive Ausstrahlung hilft mir dabei, neue Freunde zu gewinnen. Ich bin voller Zuversicht und verfolge mein Ziel mit Ruhe und Ausdauer. Meine Freunde schätzen mich und treffen sich gerne mit mir, so oft es eben geht. Ich bin großzügig und verständnisvoll und genau so sind meine Freunde. Ich bemühe mich ehrlich um die Freundschaft der Menschen, die mir wichtig sind, und genieße es, mit diesen netten Menschen zusammen zu sein.

## Visualisierung ◆

Sehen Sie sich im Geiste mit einer oder mehreren Personen vertraut zusammensitzen und reden. Sie brauchen dabei die Gesichter der einzelnen Menschen nicht genau zu sehen.

# Tipps

1 Es gibt keine festen Regeln, wie sich Freundschaften entwickeln müssen. Manche Menschen sind einander auf Anhieb sympathisch, und bereits nach ein paar Minuten hat man das Gefühl, sich schon jahrelang zu kennen. Andere Menschen muss man erst über einen längeren Zeitraum näher kennen lernen, bevor man sich für sie erwärmt. Die Qualität der Freundschaft hängt aber keineswegs davon ab, wie schnell oder langsam sich die Beziehung entwickelt hat.

2 Überlassen Sie es nicht immer Ihren Freunden, Kontakt mit Ihnen aufzunehmen. Freundschaft beruht auf Gegenseitigkeit. Sitzen Sie also nicht nur herum und warten darauf, dass Sie angerufen werden: Unternehmen Sie selbst etwas, um Ihre Freundschaften interessant zu gestalten. Es brauchen ja nicht immer gleich großartige Unternehmungen zu sein. Auch ein Stadtbummel oder ein Cafébesuch bieten einen Anlass, die Freundschaft in Gang zu halten.

3 Bitte vermeiden Sie einen typischen Fehler: Seien Sie sich klar darüber, dass einige Ihrer Freunde keine Zeit haben, sich jede Woche mit Ihnen zu treffen. So manche Freundschaft ist schon in die Brüche gegangen, weil eine Partei darauf besteht, sich öfter zu treffen, als es der anderen Partei möglich ist. Seien Sie rücksichtsvoll! Manche Menschen haben sehr viel um die Ohren, sei es mit Familie und/oder Beruf. Dafür müssen Sie Verständnis aufbringen.

4 Unterziehen Sie Ihre gegenwärtigen Freundschaften einer Qualitätskontrolle. Sind diese Menschen wirklich Ihre Freunde oder treffen Sie sich nur mit Ihnen, weil das immer schon so war? Wenn Ihnen eine Freundschaft gar nichts mehr gibt oder Sie sich sogar unwohl in Gesellschaft einer Person fühlen, dann lassen Sie diese Beziehung besser langsam einschlafen. Verbringen Sie keine Zeit mit Menschen, die nur negativ auf Sie wirken.

# Kollegialität

Ein gutes Arbeitsklima im Betrieb ist Gold wert. Mitarbeiter fühlen sich wohler, feiern seltener krank und arbeiten besser, wenn die Atmosphäre stimmt. Dazu beitragen muss aber jeder, sowohl der Chef als auch die Mitarbeiter.

## Affirmationen ■

Wir sind ein Team – einer für alle, alle für einen!
Meine Mitarbeiter tragen den Betrieb; ich schätze sie und arbeite gut mit ihnen zusammen.
An meinen Kollegen liegt mir viel und ich tue alles mir Mögliche, um gut mit ihnen zusammenzuarbeiten.

## Positiv-Skript ●

Ich gehöre zu einer Gruppe wichtiger Leute. Wir ziehen alle an einem Strang. Unser Ziel ist es, gute und vollständige Arbeit zu leisten. Ich arbeite mit Lust und Liebe und finde es leicht, mich in das Netz der anderen Mitarbeiter einzufügen. Ich habe ein großes Maß an Verantwortungsbewusstsein und Liebe zum Detail. Ich spreche mit meinen Kollegen ruhig und freundlich. Missverständnisse räume ich immer gleich aus dem Weg. Ich finde es leicht, mich mit Kollegen zu unterhalten und sie bei ihrer Arbeit zu unterstützen. Es fällt mir leicht, um Unterstützung zu bitten, wenn ich diese brauche. Ich kann jeden ansprechen und bin ruhig und freundlich. Ich sehe jedem gerade in die Augen und sage höflich, was ich möchte. Meine entgegenkommende Art wird von anderen geschätzt und meine Mitarbeiter gehen auf mich auf nette und offene Art ein. Wir unterstützen uns gegenseitig und leisten gemeinsam hervorragende Arbeit. Wir haben ein großes Zugehörigkeitsgefühl und halten zusammen. Wir arbeiten gut und effektiv und der Arbeitstag vergeht im Nu.

## Visualisierung ◆

Stellen Sie sich vor, wie Sie im Büro/Betrieb mit einem schwierigen Kollegen hervorragend zusammenarbeiten.

# Tipps

1 Auch wenn Sie der Chef sind, sollten Sie sich kollegial verhalten. Ohne Ihre Mitarbeiter läuft gar nichts im Betrieb, darum ist eine gute Arbeitsatmosphäre das A und O eines erfolgreichen Arbeitstages. Sie haben es in der Hand, das Arbeitsklima zu bestimmen. Verhalten Sie sich also so, dass Ihre Mitarbeiter in Frieden arbeiten können.

2 Sind Sie ein Mitarbeiter in einer Firma, dann seien Sie sich klar darüber, dass Sie Ihrem Arbeitgeber gegenüber die Verpflichtung haben, gute Arbeit zu leisten. Dazu gehört auch, dass Sie sich im Umgang mit Ihren Kollegen freundlich und hilfsbereit verhalten. Das heißt natürlich nicht, dass Sie sich ständig ausnutzen lassen sollen. Wenn aber einmal Not am Mann ist, dann sollten Sie (auch ungefragt) mit anpacken, selbst wenn die Arbeit nicht zu Ihrem Aufgabenbereich gehört.

3 Wenn Sie Probleme mit einem Kollegen haben, dann sprechen Sie immer zuerst mit dem Kollegen, bevor Sie zum Chef gehen. Fangen Sie dabei nicht gleich mit Beschuldigungen an, sondern erläutern Sie ruhig und sachlich, wie das Problem aus Ihrer Perspektive aussieht. Es kann gut sein, dass sich so manches Ärgernis als ein Missverständnis herausstellt, das mit Hilfe eines klärenden Gespräches leicht aus der Welt geschafft werden kann.

4 Wenn alle Stricke reißen, dann sprechen Sie mit Ihrem Chef über die Schwierigkeiten mit Ihrem Kollegen. Bleiben Sie auch hier sachlich, denn damit erhöhen Sie Ihre Chancen, ernst genommen zu werden. Aus diesem Grunde sollten Sie auch erst einmal eine Nacht über die Sache schlafen und etwas Abstand gewinnen.

5 Wenn Sie gut mit einem Kollegen auskommen, dann *sagen Sie ihm das immer wieder einmal.* Lob ist wichtig und angebracht, wenn Ihr Kollege besonders nett ist. Knausern Sie also nicht mit Komplimenten, aber loben Sie nur, wenn Sie es ehrlich meinen!

# Konversation

Um Freunde zu gewinnen oder einen Partner zu finden, muss man sich mit anderen Menschen unterhalten können. Wer das nicht schon im Elternhaus gelernt hat, kann es auch später noch nachholen.

## Affirmationen ■

Es fällt mir immer leichter, etwas zu Unterhaltungen beizutragen.
Mein Selbstbewusstsein wächst mit jedem Tag und es macht mir mehr und mehr Spaß, mich mit anderen Menschen zu unterhalten.
Mir fällt spontan das Richtige ein, wenn ich mich an einer Unterhaltung beteilige.

## Positiv-Skript ●

Ich fange an, mich in Gesellschaft anderer immer wohler zu fühlen. Es interessiert mich, was andere zu sagen haben, und langsam kann ich mich immer besser an Unterhaltungen beteiligen. Ich bin locker und entspannt und weiß, dass auch ein kleiner Beitrag wertvoll ist. Zuhören ist auch gefragt, es können nicht immer alle gleichzeitig reden. Trotzdem merke ich, wie es immer leichter wird, zur Unterhaltung beizutragen. Mir fällt oft spontan etwas aus meiner eigenen Erfahrung ein, was ich erzählen kann. Ich gehe dabei so in meiner Erzählung auf, dass ich ganz entspannt bin und mich ganz unbefangen auf meine Geschichte konzentriere. Ich fühle mich wohl in Gesellschaft anderer und spreche leicht und flüssig, wenn ich etwas zu sagen habe. Mein Atem geht ruhig und gleichmäßig und ich genieße es, endlich bei Unterhaltungen mitmachen zu können. Ich lerne dabei auch, ein gesundes Gleichgewicht zu finden zwischen Reden und Zuhören, und es gelingt mir immer besser, ganz in der Unterhaltung aufzugehen.

## Visualisierung ◆

Sehen Sie im Geiste, wie Sie inmitten einer Gruppe Menschen unbefangen an der Unterhaltung teilnehmen. Beobachten Sie, wie Sie sich frei und unbeschwert bewegen und reden.

# Tipps

Beobachten Sie andere Menschen, die sich gekonnt unterhalten. Hören Sie genau zu, wie diese eine Unterhaltung anfangen, fortführen und beenden. Beobachten Sie ruhig eine ganze Reihe von Leuten, damit Sie verschiedene Ansätze kennenlernen. Wenn Ihnen die Konversationskunst einer bestimmten Person besonders gut gefällt, dann merken Sie sich einige Einleitungssätze oder Schlussfloskeln.

Üben Sie zu reden! Verziehen Sie sich in ein Zimmer und sprechen Sie laut aus, was Sie bei einer fiktiven Konversation sagen würden. Benutzen Sie erst einmal ruhig Floskeln, die Sie bei anderen Leuten gehört haben. Machen Sie die Leute nach, die Ihnen in ihrer Art der Unterhaltung gefallen. Wenn Sie erst einmal sicherer sind, werden Sie sich schnell Ihren eigenen Stil zulegen. Anfangs sind aber ein paar gängige Phrasen durchaus nützlich.

Erinnern Sie sich an vergangene Anlässe, bei denen Ihnen nichts eingefallen ist, was Sie zur Konversation hätten beitragen können. Überlegen Sie nachträglich, um welche Themen es dabei ging, und sprechen Sie (laut!) aus, was Sie hätten sagen können. Auf diese Weise üben Sie sich darin, zu einem Thema mehrere Sätze zu sagen. Dabei können diese Sätze entweder Feststellungen oder Fragen sein oder auch eine witzige Bemerkung, wenn das angebracht scheint.

Nehmen Sie nicht automatisch an, dass Sie nichts Interessantes zu sagen haben. Eine Konversation besteht nicht nur aus wichtigen Bemerkungen, sondern sehr oft aus sogenanntem Smalltalk, also den kleinen Nebensächlichkeiten des Lebens.

Üben Sie, über Ihre Arbeit, Familie und/oder Hobbys zusammenhängend zu sprechen. Üben Sie das laut, sonst nützt Ihnen Ihr Üben im Ernstfall nur wenig. Stehen Sie dabei ruhig mitten im Raum und gestikulieren Sie auch, wenn Sie wollen.

# Mutterschaft

Beim ersten Kind kann so mancher Mutter angst und bange werden, ob sie wohl alles schafft und ihrem Kind auch eine gute Mutter sein wird. Die Verantwortung, die eine Frau jetzt auf einmal empfindet, kann überwältigend sein.

## Affirmationen ■

Ich freue mich auf mein Kind und empfange es mit Liebe und Zuversicht.
Ich darf auch mal Fehler machen und bin trotzdem eine gute Mutter.
Ich kann lernen, mit Ruhe und Gelassenheit eine gute Mutter zu werden.

## Positiv-Skript ●

Ich freue mich auf mein erstes Kind. Ich möchte es wie einen Ehrengast empfangen, der aus einem fremden Land kommt und eine andere Sprache spricht. Da ich meinen kleinen Fremdling mit Liebe und Verständnis behandle, erlerne ich seine Sprache ganz schnell. Sehr bald verstehe ich schon, was er mir sagen will. Ich bin fasziniert von diesem kleinen Wesen und gehe ganz in meiner Aufgabe als Mutter auf. Nichts ist mir zu viel. Ich freue mich, wie ich täglich besser mit meinem Kind umgehen kann und wir uns immer besser verstehen. Ich hänge an meinem Kind und mein Kind hängt an mir. Es ist mir ganz selbstverständlich, dass ich die Verantwortung übernehme. Es macht mir großen Spaß, in meine neue Rolle als Mutter hineinzuwachsen. Jeden Tag gibt es etwas Neues zu lernen und zu bestaunen. Alle meine Aufgaben erledige ich leicht und mühelos. Es macht mir Spaß, mich um mein Kind zu kümmern, und ich habe enorme Energie.

## Visualisierung ◆

Stellen Sie sich vor, wie Sie kompetent und freudig mit Ihrem Kind umgehen, es füttern, baden und mit ihm spielen. Sehen Sie sich dabei gemeinsam lachen und schmusen.

# Tipps

Sprechen Sie mit Müttern, *die Ihnen sympathisch sind* (und das ist leider nicht immer die eigene Mutter oder Schwiegermutter) und lassen Sie sich ein bisschen erklären, was auf Sie zukommt.

Beziehen Sie Ihren Mann schon während der Schwangerschaft in die Vorbereitungen mit ein.

Besonders in den ersten Tagen nach der Geburt kann es sein, dass Sie nicht sofort eine Beziehung zu Ihrem Baby bekommen. Bei manchen Frauen muss sich dieses Gefühl erst langsam aufbauen. Deswegen sind Sie aber keine schlechte Mutter. Beschäftigen Sie sich mit Ihrem Kind, schauen Sie es sich genau an, beobachten Sie seine Reaktionen und Bewegungen. Mit anderen Worten: Freunden Sie sich mit ihm an. Fassen Sie Ihr Kind auch möglichst viel an, denn Hautkontakt ist wichtig fürs Baby und macht es Ihnen leichter, einen Bezug zu Ihrem Kind herzustellen.

Seien Sie sich von Anfang an klar darüber, dass sich Ihre Prioritäten verschieben müssen, sobald Sie mit dem Baby wieder zu Hause sind. Trotzdem heißt das nicht, dass Sie ab jetzt eine Gefangene in Ihrem eigenen Haus sind. Das Kind wird ja langsam größer, geht in den Kindergarten und dann in die Schule, und dann haben Sie wieder mehr Zeit für Ihre eigenen Belange. Genießen Sie also die Anfangsphase in vollen Zügen, denn sie dauert nicht ewig!

Suchen Sie die Gesellschaft anderer Mütter. Da gibt es nicht nur viel zu erzählen und zu lernen, sondern auch viel zu lachen. Sie können sich so manchen Fehler ersparen, indem Sie sich mit anderen Frauen unterhalten, die in der gleichen Situation sind wie Sie.

Haben Sie Spaß mit Ihrem Kind, denn es ist einmalig.

# Partnersuche

Der richtige Partner lässt manchmal auf sich warten. Auch wenn man vieles unternimmt, um möglichst viele neue Menschen kennen zu lernen, kann es frustrierend sein, wenn der oder die Richtige nicht dabei ist. Trotzdem bitte nicht aufgeben!

## Affirmationen ■

Mein idealer Partner ist schon zu mir unterwegs.
Ich verfolge das Ziel der Partnersuche mit Freude und Gelassenheit.
Ich halte durch und mit jedem Tag festigt sich mein Entschluss, meinen Traumpartner zu finden.

## Positiv-Skript ●

Ich bin eine liebenswerte Person und sehe der Zukunft mit Zuversicht entgegen. Mit meiner Ruhe und meinen harmonischen Gedanken bringe ich Gutes in mein Leben und ziehe den richtigen Partner automatisch an. Jeder Tag bringt mich dem Treffen mit meinem idealen Partner näher. Ich darf mir bei der Partnerwahl ruhig Zeit lassen, da ich gut und richtig wählen möchte. Ich freue mich heute schon auf mein künftiges Glück zu zweit. Ich verfolge mein Ziel der Partnersuche unbeirrt, mit Freude und Gelassenheit. Nichts und niemand kann mich davon abhalten, so lange zu suchen, bis ich ihn/sie gefunden habe. Die Partnersuche macht mir Spaß und ich genieße es, ganz verschiedene neue Menschen kennen zu lernen. Es fällt mir leicht, von mir selbst zu erzählen. Ich fühle mich frei und leicht und verfolge mein Ziel gut gelaunt und in aller Ruhe. Mein idealer Partner wartet schon auf mich und wenn wir uns treffen, wissen wir beide ganz sicher, dass wir zueinander gehören.

## Visualisierung ◆

Stellen Sie sich vor, wie Sie eng umschlungen mit Ihrem idealen Partner die Straße entlangschlendern, wie Sie miteinander reden und lachen.

# Tipps

Träumen Sie nicht nur, sondern unternehmen Sie auch etwas, um neue Menschen kennen zu lernen. Schließen Sie sich einem Single-Club an und lassen Sie sich auch sonst auf gesellschaftlichen Anlässen sehen. Wenn Sie viele Menschen treffen, vergrößert das Ihre Chancen, den richtigen Partner zu finden.

Lassen Sie sich nicht von Pessimisten verunsichern. Auch wenn Sie schon älter sind, Kinder haben oder nicht wie ein Filmstar aussehen, heißt das noch lange nicht, dass Sie niemanden finden können.

Vertrauen Sie Ihrem Gefühl. Wenn Sie jemanden treffen, der zwar Single ist, Ihnen aber kein hundertprozentig gutes Gefühl gibt, dann suchen Sie weiter, denn Sie haben noch nicht den/die Richtige/n gefunden. Der einfachste Test ist, in Abwesenheit der betreffenden Person an sie zu denken. Wenn Sie sich dabei gut fühlen, dann verfolgen Sie die Beziehung weiter. Wenn Sie sich dabei aber ungemütlich fühlen oder Zweifel haben, dann hören Sie bitte auf dieses innere Warnsignal!

Ihren Traumpartner können Sie überall finden. Es gibt nur einen Ort, wo Sie ihn höchstwahrscheinlich nicht finden werden – in Ihrer Wohnung vor dem Fernseher. Gehen Sie also regelmäßig aus dem Haus und unter Menschen. Das erhöht Ihre Chancen gewaltig!

Nutzen Sie die Zeit, während Sie noch solo sind, um sich selbst zum Traumpartner zu entwickeln und auch sonst all die Dinge zu tun, die Ihnen wichtig sind und zu denen Sie Zeit brauchen. Wenn Ihr Selbstbewusstsein zu wünschen übrig lässt, dann arbeiten Sie daran. Wenn Sie Ihr Aussehen in letzter Zeit vernachlässigt haben, dann bringen Sie Ihre Frisur und Garderobe endlich auf Vordermann. Auf diese Weise senden Sie gleich die richtigen Signale an Ihre Umwelt.

# Scheidung (für Eltern)

Bei einer Trennung vom Ehepartner kommt es zu riesigen Umwälzungen im Leben und auf der Gefühlsebene. Besonders, wenn der Scheidungsprozess im Streit verläuft, kostet er Kraft und Nerven.

## Affirmationen ■

Auch das geht vorbei!
Mit jedem Tag nähere ich mich einem positiven Neuanfang meines Lebens.
Ich nehme jeden Tag, wie er kommt, und erhalte mir mein seelisches Gleichgewicht durch innere Ruhe.

## Positiv-Skript ●

Ich kann diese Trennung mit Ruhe angehen. Ich treffe alle Entscheidungen mit Gelassenheit und Umsicht. Jeder Tag bringt mich meinem neuen Leben einen Schritt näher. Was mich heute noch festhält, löst sich demnächst in Wohlgefallen auf. Ich erlaube alle meine Gefühle, die sich jetzt zeigen. Es steht mir zu, Gefühle unterschiedlichster Art zu spüren, und doch kann ich am Ende des Tages immer wieder zur inneren Ruhe zurückkehren. Ich schlafe tief und fest und wache am nächsten Morgen mit erneuerter Kraft auf. Gefühle, die mich heute bedrängen, schwächen sich schon bald ab. Ich bin ruhig und geduldig und schwimme wie ein Korken auf den Wellen. Auch wenn es hoch hergeht, schwimme ich oben, ruhig und gelassen. Was mich gestern noch aus dem Konzept brachte, verliert heute schon langsam seine Macht. Mit jedem Tag wächst meine innere Stärke und hilft mir, mit den Veränderungen in meinem Leben fertig zu werden. Bald schon habe ich mich an Neues gewöhnt und gehe mit Ruhe und Gelassenheit durch mein Leben.

## Visualisierung ◆

Malen Sie sich aus, wie Sie sich fühlen werden, wenn Sie die Scheidung hinter sich haben.

# Tipps

Igeln Sie sich nicht ein. Geteiltes Leid ist halbes Leid. Sprechen Sie mit Freunden über Ihre Gefühle, denn das vermindert, zumindest zeitweise, den inneren Druck. Wer sich zu seinen Gefühlen bekennt, kann besser mit ihnen umgehen. Entsprechend leichter wird es dann auch, Lösungen zu finden.

Während oder nach der Trennung können Wut- und Ärgergefühle aufkommen. Das ist ganz normal. Vermeiden Sie es aber, wichtige Entscheidungen zu treffen, während Sie wütend sind. Diese Entscheidungen sind oft von Rachegedanken getragen und Sie schneiden sich eventuell ins eigene Fleisch.

Lassen Sie Wut und Ärger nicht an anderen aus! Ihre Kinder können nichts dafür, dass Ihr Mann/Ihre Frau sich von Ihnen scheiden lassen will. Wenn Sie das Gefühl haben, kurz vor dem Explodieren zu stehen, dann gehen Sie schwimmen, joggen oder reißen Sie im Garten Unkraut aus, um den inneren Druck loszuwerden. Verfolgen Sie diese Aktivitäten, bis Sie richtig müde sind.

Verändern Sie etwas. Stellen Sie die Möbel um, tapezieren Sie neu, schlafen Sie im Wohnzimmer oder nehmen Sie einen neuen Weg zur Arbeit. Entfernen Sie auch möglichst alle Dinge aus dem Haus, die Sie an Ihren Partner erinnern. Durch die Veränderung Ihrer Umgebung oder Ihrer Angewohnheiten wird es leichter, neue Gedanken zu fassen. Auch ein kleiner Urlaub, weg von zu Hause, kann eine positive Wirkung auf die Moral haben.

Nach einer Trennung kann man sich sehr einsam fühlen. Körperkontakt ist jetzt besonders wichtig. Gehen Sie zur Rücken- oder Fußreflexzonenmassage. Das löst nicht nur körperliche und seelische Spannungen, sondern verhilft auch zum nötigen Hautkontakt. Lassen Sie sich auch immer mal wieder von guten Freunden umarmen.

# Scheidung (für Kinder)

Wenn die Eltern sich trennen, löst das große Ängste in Kindern aus. Auf einmal ist die ganze Zukunft ungewiss, man weiß nicht, was jetzt wird, zu welchem Elternteil man kommt und ob man von seinen Freunden weg muss.

## Affirmationen ■

Ich bin stark und schaffe das schon.
Ich habe Löwenmut und verlasse mich darauf, dass am Ende alles gut wird.
Ich darf meine Gefühle zeigen und klar und deutlich sagen, was ich will.

## Positiv-Skript ●

Was erst zu schwer ist, wird allmählich leichter. Was erst sehr weh tut, heilt langsam und sicher. Was erst Angst macht, wird langsam harmloser. Ich finde in mir selbst einen starken Kern, der mir den Rücken stärkt und mir Mut gibt. Diesen starken Kern trage ich immer in mir – er ist fest in meinem Körper verankert. Aus meiner Mitte strahlt Löwenmut durch meinen ganzen Körper. Mein Kopf ist leicht und frei, ich denke klar und fühle mich stark. Alles wendet sich zum Guten. Egal, ob ich es jetzt schon sehen kann oder nicht, alles wendet sich letztendlich zum Guten. Ich nehme jeden Tag, wie er kommt und schaue mit Vertrauen in die Zukunft. Langsam normalisiert sich mein Leben wieder und ich kann meine innere Ruhe wiederfinden. Auch dabei hilft mir mein innerer starker Kern. Mein Löwenmut trägt mich sicher durch die nächsten Tage und Wochen. Egal, was kommt, ich bin gewappnet. Meine Zukunft sieht rosig aus und alles, was jetzt noch ein Problem ist, löst sich allmählich in Wohlgefallen auf. Ich bin am Ende der Gewinner.

## Visualisierung ◆

Stell dir vor, wie du erwachsen bist und deine eigene Familie hast. Die Scheidung deiner Eltern ist jetzt nur noch ein unbedeutendes Ereignis – du hast jetzt deine eigene Familie, und die ist glücklich!

# Tipps

Lieg nicht nachts im Bett und mach dir Sorgen. Frag lieber deine Eltern, was los ist und wie es jetzt weitergehen soll. Wenn du Geschwister hast, tu dich mit ihnen zusammen und fragt eure Eltern gemeinsam. Lass dich auch nicht mit ausweichenden Antworten abspeisen (»Das ist nichts für Kinder« oder »Dafür bist du noch zu klein«). Scheidung geht jeden in der Familie etwas an, auch die Kinder. Es ist besser, du weißt, was los ist.

Wenn du Angst hast oder dir Sorgen machst und mit deinen Eltern nicht sprechen kannst, dann überleg, ob es einen Nachbarn oder einen Lehrer in der Schule gibt, mit dem du sprechen kannst.

Wenn es zu Hause dauernd Streit zwischen den Eltern gibt, dann sag deiner Mutter oder deinem Vater in einem ruhigen Moment, dass dir das Angst macht. Manchmal denken Erwachsene im Eifer des Gefechts nicht daran, dass Kinder alles mithören.

Informiere dich. In deiner Schule gibt es sicherlich andere Kinder, deren Eltern geschieden sind. Frag einmal ein paar andere Kinder, wie das für sie ist und wie sich bei ihnen das Familienleben nach der Scheidung neu geregelt hat.

Wenn du mit jemandem in der Schule besonders gut befreundet bist, kannst du dich auch mit dessen Eltern über deine Sorgen wegen der Scheidung deiner Eltern unterhalten.

Wenn du in der Schule schlechter wirst, weil du dir wegen der Scheidung Sorgen machst, dann sag deinem Lehrer Bescheid. Besonders, wenn die Eltern sich viel streiten, kann das den Kindern sehr an die Nieren gehen. Entsprechend schlecht können sie sich dann im Unterricht konzentrieren. Wer sich viele Sorgen macht, kann nur schlecht aufpassen, und da können die Leistungen in der Schule durchaus abfallen.

# Schüchternheit

Wer sich nicht traut, in Gesellschaft anderer mitzureden, ist immer im Nachteil, denn er gibt mit seiner Schüchternheit anderen Menschen nicht die Gelegenheit, ihn kennen zu lernen.

## Affirmationen ■

Ich ziehe nette Menschen wie ein Magnet an und finde es leicht, mit ihnen zu sprechen.
Ich kann lernen, voller Selbstvertrauen Unterhaltungen mit netten Menschen zu führen.
Ich kann lernen, selbstbewusster zu werden, und freue mich darauf, mit guten Freunden Schönes zu unternehmen.

## Positiv-Skript ●

Ich weiß, dass ich alles lernen kann, was ich zu einem glücklichen Leben brauche. Ich bin ruhig und gelassen und sehe meine Zukunft in positivem Licht. Ich kann lernen, mich frei und unbeschwert unter meinen Mitmenschen zu bewegen. Ich bin positiv, warm und aufgeschlossen. Andere Menschen interessieren mich in ihrer Vielfältigkeit und in ihren Eigenheiten. Ich freue mich darauf, herauszufinden, welche meiner Mitmenschen so ähnlich denken wie ich. Um Gemeinsamkeiten zu entdecken, unterhalte ich mich allmählich immer mehr mit Menschen in meiner Umgebung. Ich finde es sehr interessant, mehr über andere zu erfahren und dabei auch etwas über mich selbst zu erzählen. Ich mag andere und andere mögen mich. Langsam erweitere ich meinen Bekanntenkreis. Es fällt mir immer leichter, mich mit anderen zu unterhalten. Ich ziehe nette Menschen wie ein Magnet an. Ich gewinne immer mehr Freunde und mein Terminkalender füllt sich mit sozialen Aktivitäten, die mir großen Spaß machen.

## Visualisierung ◆

Schauen Sie sich im Geiste selbst zu, wie Sie von anderen Menschen umgeben sind und fröhlich drauflos reden, lachen und sich bestens amüsieren.

# Tipps

Üben Sie Konversation. Fangen Sie dabei ganz klein an, indem Sie zunächst einmal grundsätzlich alle Leute grüßen, die Sie vom Sehen her kennen. Sie brauchen nicht stehen zu bleiben und ein Gespräch mit der Person anzufangen, sondern nur, im flotten Vorbeigehen, die Person anzuschauen und zu grüßen. Lächeln Sie dabei.

Wenn es mit dem Grüßen langsam besser klappt und Sie dabei etwas ruhiger bleiben können, dann suchen Sie sich die Person aus, die Ihnen am sympathischsten ist und sprechen Sie ein paar Sätze. Sie können kurz fragen, wie es der anderen Person geht, und dann ein bisschen erzählen, was Sie gleich vorhaben, zum Beispiel einkaufen, zur Arbeit gehen (Ist bei der Arbeit gerade viel los? Erwähnen Sie das ruhig.) oder ein Kind vom Kindergarten oder von der Schule abholen. Je nachdem, wie die Antwort der anderen Person ausfällt, können Sie noch etwas weiteres über Ihren Einkaufstrip/Ihre Arbeit/Ihr Kind erzählen. – Sie brauchen sich nicht lange zu unterhalten, aber rennen Sie nicht gleich weg, sondern verabschieden Sie sich mit einer Bemerkung wie: »Ich muss leider jetzt los, das Einkaufen/die Arbeit/mein Kind wartet. Schön Sie zu sehen. Bis bald!«

Wenn Sie nicht wissen, was Sie erzählen sollen, dann fragen Sie die andere Person etwas. Sie können zum Beispiel fragen, was die Kinder machen, der Mann/die Frau, wie es im Urlaub war oder sich auch einen Tipp geben lassen, wohin Sie selbst vielleicht in den Urlaub fahren könnten. Wo hat es Ihrem Gegenüber besonders gut gefallen und warum? Die meisten Leute erzählen gerne, wenn Sie um Rat gefragt werden. *Hören Sie gut zu*, denn aus dem Gesagten ergeben sich oft Anhaltspunkte, worüber Sie selbst ein bisschen erzählen können.

Sprechen Sie jeden Tag mit mindestens zwei Personen, wenn auch nur kurz.

# Tod

Ganz gleich, ob der Tod eines Verwandten, Kindes oder Freundes nach langer Krankheit oder ganz unerwartet eintritt, der Schmerz hält oft wesentlich länger an, als man meint.

## Affirmationen ■

Ich darf alle Gefühle in mir zulassen und finde doch immer wieder Ruhe in mir selbst.
Ich entlasse (Name des Verstorbenen) jetzt in Liebe und lasse ihn in Frieden ziehen.
Ich bin und bleibe (Name des Verstorbenen) in Liebe verbunden, ob er/sie nun hier ist oder nicht.

## Positiv-Skript ●

Ich gebe mich meiner Trauer ganz hin. Ich darf alle meine Gefühle in vollem Umfang wahrnehmen und ich darf diesen Gefühlen auch Ausdruck verleihen. Alle Gefühle sind erlaubt. Alle Gefühle sind gut und richtig. Ich darf so lange trauern, wie es für mich nötig ist, und das ist in Ordnung. In meiner Trauer kann ich aber auch gleichzeitig Freude empfinden, wenn ich an das Schöne denke, was ich mit (Name des Verstorbenen) erlebt habe. Diese guten Erinnerungen geben mir Trost und helfen mir, über meinen Verlust hinwegzukommen. Meine Trauer darf so lange dauern, wie sie nötig ist, um meinen Verlust zu überwinden. Ich darf mich jetzt ruhig an andere Menschen anlehnen. Ich darf ruhig über (Name des Verstorbenen) sprechen, so viel ich will. Langsam komme ich über meinen Verlust hinweg. Es ist in Ordnung, wenn mein Leben ab jetzt anders ist. Auch damit kann ich allmählich zurechtkommen. Meine Trauer aber gehört mir und ich darf sie fühlen. Meine Trauer darf so lange dauern, bis mein Schmerz anfängt zu heilen und ich wieder an meiner Umwelt teilnehmen kann.

## Visualisierung ◆

Stellen Sie sich vor, wie der/die Verstorbene sich an einem Ort der Freude und Ruhe befindet, wo er/sie Frieden gefunden hat.

# Tipps

1

Es ist völlig in Ordnung, wenn Sie sich im Geiste mit der verstorbenen Person unterhalten wollen. Das ist keineswegs ein Zeichen, dass Sie nicht normal sind, ganz im Gegenteil. Es kann große Erleichterung schaffen, wenn Sie diese inneren Dialoge halten, um sich der verstorbenen Person nahe zu fühlen.

2

Gefühle können in der Trauerphase stark schwanken, bis man den Tod des geliebten Menschen akzeptiert hat. Wut und Nicht-Wahrhaben-Wollen sind genauso Bestandteil des Trauerprozesses wie Depression und Resignation. Geben Sie Ihren Gefühlen freie Bahn, damit sich der Trauerprozess richtig entwickeln kann. Es gibt dabei nichts, was man nicht fühlen »sollte«.

3

Lassen Sie sich nicht von anderen Leuten vorschreiben, wie lange Sie zu trauern haben. Jeder Mensch ist anders und niemand kann wissen, wie Sie zu der verstorbenen Person standen. Wie Sie trauern ist letztendlich abhängig von Ihrer Person und Ihrer Persönlichkeit.

4

Wenn Sie sich in Ihrer Trauer zu allein fühlen, dann nehmen Sie Ihre Freunde in Anspruch. Sprechen Sie über den/die Verstorbene, so viel wie Ihnen gut tut. Sehen Sie dabei aber bitte von mitternächtlichen Telefonanrufen ab und sprechen Sie nicht jeden Tag mit den gleichen Freunden. Nehmen Sie auch professionelle Hilfe in Anspruch, wenn Sie alleine nicht zurechtkommen.

5

Lenken Sie sich trotz Ihrer Trauer immer wieder auch einmal ab. Begeben Sie sich wieder unter Menschen, wenn Sie das Gefühl haben, das Schlimmste sei vorbei. Wann der richtige Zeitpunkt gekommen ist, um sich wieder der Umwelt zuzuwenden, werden Sie selbst merken. Der/die Verstorbene hätte sicher nicht gewollt, dass Sie sich für immer von Ihren Mitmenschen zurückziehen! Auch wenn es zunächst keinen großen Spaß macht, helfen Sie sich damit, besser aus der Trauerphase herauszukommen.

# Körper

Es besteht ein direkter Zusammenhang zwischen dem, was in unserem Kopf vorgeht, und unserem Körper. Verbringen wir viel Zeit damit, uns Sorgen zu machen oder Angst zu haben, dann verspannt sich der Körper. Je nachdem, wo unsere Schwachstelle liegt, empfinden wir dann unangenehme Gefühle. Bei manchen ist das der Kopf, bei anderen der Bauch, der Nacken oder der Schulterbereich. Auch unsere inneren Organe reagieren auf Stress, der durch Gedanken erzeugt wird. Manche Gedanken können uns »an die Nieren gehen« oder wir fühlen uns, als sei uns eine »Laus über die Leber« gelaufen. Angst kann uns »im Nacken sitzen«, genau wie uns Sorgen »auf den Magen schlagen« oder wir uns eine Sache »zu Herzen nehmen«.

Diese Verbindung zwischen Körper und Geist ist messbar. Je nachdem, was Ihnen durch den Kopf geht, hebt oder senkt sich Ihr Blutdruck, steigt oder fällt Ihre Pulsfrequenz und reagiert Ihre Atmung. Negative Gedanken führen zu ungünstigen Körperreaktionen, die normalerweise nicht weiter schlimm sind. Denken wir aber sehr oft negativ, weil wir eine pessimistische Grundeinstellung haben, dann können sich gravierendere Gesundheitsprobleme ergeben. Das heißt zwar nicht, das wir uns durch negative Gedanken selbst umbringen, aber es steht außer Frage, dass die körpereigenen Heilungsprozesse nicht zum Zuge kommen, wenn wir fast ständig angespannt, schlecht gelaunt oder nervös sind.

Die Grundlage für einen gesunden Körper ist eine gute Entspannung. Wem gesunder Schlaf und eine gelassene Einstellung zum Leben nicht in die Wiege gelegt wurden, kann das lernen. Ihre körperlichen Schwachstellen können Sie zwar nicht wegzaubern, denn mit denen sind Sie geboren. Sie können aber mit regelmäßiger Entspannung Ihre Gesundheit langfristig unterstützen. Das ist mit etwas Arbeit verbunden, lohnt sich aber sehr.

# Akne

Pusteln und Mitesser sind eine eitrige Hauterkrankung, die im Gesicht, aber auch auf dem Rücken hauptsächlich in den Entwicklungsjahren vorkommt.

## Affirmationen ■

Meine Haut im Gesicht und auf dem Rücken beruhigt sich allmählich und wird rein und klar.
Meine Körperprozesse finden ein neues, gesundes Gleichgewicht und ich fühle mich immer wohler in meiner Haut.
Ich werde immer ruhiger und erlaube meiner Haut, in Ruhe zu gesunden.

## Positiv-Skript ●

Mit jedem Tag werde ich ruhiger und ausgeglichener. Die Hormone in meinem Körper vollbringen sanft die erforderlichen Änderungen, die mich erwachsen werden lassen. Ich bin ruhig und gelassen und erlaube meinem Körper, sich langsam und stetig zu entfalten, während alle Muskeln und Organe in Harmonie miteinander arbeiten. Meine innere Ruhe wirkt sich lindernd auf meine Haut aus und mit jedem Tag klären sich Unreinheiten weiter auf. Die Talgdrüsen meiner Haut beginnen allmählich, normale Mengen zu produzieren und meine gesunde Ernährung hilft meinem Organismus, besser und reibungsloser zu funktionieren. Unreinheiten werden allmählich weggeschwemmt, meine Haut klärt sich, wird reiner, gesünder und glatter. Ich freue mich jeden Tag, weitere Verbesserungen meiner Haut zu entdecken. Ich werde immer ruhiger und gelassener und gehe sorgfältig mit meiner Haut um. Ich widme mich meiner Haut mit Hingabe und pflege sie liebevoll. Ich nehme mir Zeit und freue mich an all den kleinen Verbesserungen, die ich jeden Tag entdecke.

## Visualisierung ◆

Stellen Sie sich vor, wie die Drüsen in Ihrer Haut allmählich weniger Talg produzieren und wie die Mitesser und Pusteln sich zurückbilden, bis nur noch glatte, gesunde Haut übrig bleibt.

# Tipps

Auslöser für Akne in der Pubertät sind hormonelle Veränderungen im Körper. Aber auch die Ernährungsweise sowie emotionale Faktoren spielen eine Rolle.

Hoher Blutzucker leistet bakteriellem Wachstum Vorschub und eine fetthaltige Ernährungsweise stimuliert die Talgproduktion in der Haut. Ein hoher Talggehalt zieht Schmutz an, der wiederum bakterielles Wachstum fördert. Es ist darum wichtig, die Haut sauber zu halten, um das Bakterienwachstum gering zu halten. Neben den in Apotheken und Drogerien erhältlichen speziellen Lotionen kann man auch normales Wasser mit Zitronensaft zur Hautreinigung verwenden.

Betakarotin ist jetzt besonders wichtig. Essen Sie darum viel Karotten und andere orange Gemüse sowie dunkelgrüne Gemüse wie Spinat.

Vitamin E ist gut für die Haut und in Avocados, Weizenkeimen und kaltgepressten unraffinierten Gemüseölen (besonders Oliven) enthalten.

Hafer enthält Vitamin B sowie die Mineralien Kalzium, Potassium und Magnesium. Auch Zink hilft der Haut, gesund zu bleiben. Zink ist unter anderem enthalten in Kürbiskernen, Nüssen, Sardinen, Leber und Fleisch.

Vitamin C schützt vor Infektionen. Wer unter Akne leidet, sollte darum regelmäßig Zitrusfrüchte und Kiwis essen, um genügend Vitamin C zu sich zu nehmen.

Vermeiden Sie Milchprodukte oder, wenn Sie sie nicht ganz vermeiden können oder wollen, reduzieren Sie zumindest die Menge an Käse und Milch. Auch Zuckerhaltiges sollten Sie möglichst meiden.

# Asthma

Die ansteigende Luftverschmutzung, Hausstaub sowie künstliche Zusatzstoffe in Nahrungsmitteln führen zu einer erhöhten Anzahl von Asthmaerkrankungen bei Kindern. Bei Erwachsenen kann Asthma durch Infektionen oder Bronchitis verursacht werden.

## Affirmationen ■

Ich bin ruhig und entspannt und atme leicht und frei.
Meine Bronchien weiten sich sanft aus und ich atme ruhig und frei.
Meine Atmung wird immer ruhiger und ich entspanne mich mehr und mehr.

## Positiv-Skript ●

Ich werde mit jedem Tag ruhiger und entspannter. Ich entspanne mich mit jedem Tag besser, sowohl seelisch als auch körperlich. Ich bin und bleibe entspannt, egal, was passiert. Diese Entspannung hilft meinen Brustmuskeln, sich zu entspannen, und dadurch öffnen sich meine Atemwege ungehindert und bleiben entspannt. Ich atme leicht und frei. Ich atme tief und frei und kann fühlen, wie der Sauerstoff meine Lungen füllt. Ich fühle mich entspannt. Ich fühle mich wohl. Alle meine Atemwege öffnen sich mit Leichtigkeit und bleiben angenehm entspannt. Mein Brustkorb weitet und entspannt sich. Mein Atem geht leicht und frei, ich fühle mich ruhig und gelassen, während mein Atem mühelos ein und aus strömt. Mit jedem Tag fühle ich mich wohler und sicherer. Ich bleibe ruhig, egal, was passiert. Dinge, die ich mir früher zu Herzen genommen habe, verlieren jetzt ihre Wirkung auf mich. Ich bleibe ruhig und entspannt und gehe Probleme in Ruhe an, während mein Atem ruhig und gleichmäßig fließt.

## Visualisierung ◆

Stellen Sie sich vor, dass in Ihrer Bauchgegend eine angenehme Wärmequelle sitzt, die sich allmählich in Ihren Brustbereich ausbreitet und dort alle Spannungen löst, sodass Sie ruhig und frei atmen können. Sehen Sie vor Ihrem inneren Auge, wie sich die Atemwege weiten.

# Tipps

Asthma ist eine Krankheit, die nicht auf die leichte Schulter genommen werden darf. Benutzen Sie die Affirmationen, das Positiv-Skript sowie die Visualisierung als unterstützende Maßnahmen, setzen Sie aber auf keinen Fall Medikamente ab, die Ihnen vom Arzt verschrieben worden sind!

Wenn Sie merken, dass Sie in leichte Atemnot geraten, lassen Sie alles stehen und liegen, was Sie gerade tun, und setzen Sie sich bequem hin. Halten Sie dann eine Hand leicht auf die Herzgegend, schließen Sie die Augen und denken Sie immer wieder die Worte »lösen – loslassen – entspannen«. Um sich auf so eine Eventualität vorzubereiten, sollten Sie mindestens einmal täglich üben, in Ruhe einen tiefen Atemzug zu tun und beim Ausatmen die Worte »lösen – loslassen – entspannen« zu denken.

Stellen Sie die Zentralheizung in Ihrem Schlafzimmer ab. Dadurch vermeiden Sie Luftströme, die Hausstaub-Partikel in die Luft wirbeln und dadurch Allergien auslösen.

Geben Sie das Rauchen auf und rauchen Sie auf keinen Fall in einem Haus, in dem jemand mit Asthma lebt. Halten Sie möglichst keine Haustiere.

Vermeiden Sie viel Stoff und Plüsch in Ihrer Wohnung. Je weniger Staub sich ansammeln kann, desto geringer die Chance, dass Ihre Luftwege durch eine Allergie gereizt werden können. Benutzen Sie einen Staubsauger, der mit einem speziellen medizinischen Filter ausgestattet ist. Staubsaugen Sie auch die Matratze Ihres Bettes regelmäßig. Wischen Sie abends im Schlafzimmer noch einmal mit einem feuchten Tuch Staub.

Lassen Sie überprüfen, ob Sie an einer Lebensmittelallergie leiden und vermeiden Sie die entsprechenden Speisen.

# Bluthochdruck

Ein zu hoher Blutdruck ist einer der Hauptfaktoren für Herzkrankheiten und Herzinfarkt und muss vom Arzt behandelt werden. Es ist aber möglich, den Blutdruck durch einige einfache Maßnahmen positiv zu beeinflussen.

## Affirmationen ■

Ich bin ganz ruhig und gelassen und esse nur das, was meinem Körper gut tut.
Meine Arterien werden weit und frei und ich fühle mich wohl, wenn ich leichtes Essen zu mir nehme.
Ich genieße es, mich jeden Tag ein wenig mehr zu bewegen. Ich spüre, wie die Bewegung mir gut tut.

## Positiv-Skript ●

Ich passe gut auf mein Herz auf. Meine innere Pumpe ist lebensnotwendig und darum ist sie mir wichtig. Ich entspanne mich regelmäßig und genieße die Ruhe, die sich in meinem Körper und meinem Kopf ausbreitet. Ich bin und bleibe ruhig, egal, was passiert. Es fällt mir leicht, allmählich gesündere Nahrungsmittel zu mir zu nehmen. Langsam, aber sicher finde ich Geschmack an frischem Obst und Gemüse. Ich fühle mich leichter und freier, wenn ich etwas mehr laufe. Es macht mir Spaß zu merken, wie sich meine Energiereserven auffüllen, während ich mehr und mehr Treppen steige, statt den Lift zu nehmen. Ich laufe gerne. Ich bewege mich mäßig und regelmäßig. Ganz langsam stelle ich meine Gewohnheiten um und ich bin stolz auf meine Entschlusskraft, meinem Herzen die Arbeit so leicht wie möglich zu machen. Allmählich ernte ich den wohlverdienten Erfolg. Ich fühle mich stärker und fitter als je zuvor. Meine Lebensfreude steigt und ich werde immer gesünder und stärker.

## Visualisierung ◆

Stellen Sie sich vor, Sie könnten in Ihren Körper hineingehen und sehen, wie der Kalk an den Wänden Ihrer Arterien langsam abbröckelt und eine gesunde, rosa Fläche hinterlässt.

# Tipps

Seien Sie sich darüber klar, dass Ihr Blutdruck im direkten Verhältnis zur Arbeitsleistung Ihres Herzens steht. Je höher Ihr Blutdruck, desto stärker muss Ihr Herz pumpen, um das Blut durch Ihren Körper zu schleusen. Ein normaler Blutdruck liegt bei 120/80. Ab 140/90 kann es für manchen schon kritisch werden, allerdings nur, wenn der Blutdruck regelmäßig so hoch ist.

Medikamente gegen hohen Blutdruck sollten im Idealfall nur als vorübergehendes Hilfsmittel angesehen werden, da sie nur das Symptom beheben, nicht aber die Ursache. Setzen Sie Medikamente jedoch nie ab, ohne vorher mit Ihrem Arzt gesprochen zu haben.

Ändern Sie allmählich Ihre Essgewohnheiten. Vermeiden Sie tierische Fette und reduzieren Sie Ihren Verbrauch an Butter, Sahne, fettem Käse und Milch. Fett finden Sie auch in Würstchen, Salami, Paté, Kuchen, Keksen und allen gebratenen Speisen.

Essen Sie mehr Nahrungsmittel, die einen positiven Effekt auf den Kreislauf und den Cholesterolspiegel haben. Dazu gehören Äpfel, Knoblauch, Fisch und Vollkorn. Vermeiden Sie dagegen rotes Fleisch und Salz.

Bewegen Sie sich mehr. Machen Sie Gymnastik oder, wenn Sie sich dazu nicht durchringen können, laufen Sie einfach mehr. Lassen Sie den Wagen stehen, wo immer Sie können. Nehmen Sie die Treppe statt den Lift. Gehen Sie nach der Arbeit zwanzig Minuten lang flott spazieren. Auch wenig hilft bereits.

Vermeiden Sie Alkohol, Zigaretten und Koffein. Koffein und Nikotin verursachen ein Zusammenziehen der kleinen Blutgefäße, was zu einem Überdruck für die größeren Blutgefäße führt. Wenn Sie nicht ganz aufhören können, dann schränken Sie den Konsum wenigstens weitgehend ein.

# Durchfall

Durchfall kann eine Begleiterscheinung einer Krankheit sein, ist aber auch oft ein Zeichen von Nervosität. Durch seelische Belastung oder Stress können Körperfunktionen überstimuliert werden, sodass der Darm schneller und öfter entleert werden muss als normalerweise nötig ist.

## Affirmationen ■

Ich gehe meinen neuen Tag in Ruhe an.
Egal, was kommt, ich bleibe ruhig und stabil.
Meine Ruhe ist unerschütterlich und mein Körper bleibt fest und solide.

## Positiv-Skript ●

Ich kann lernen, ruhig und gelassen durchs Leben zu gehen. Ich lasse die Vergangenheit hinter mir und baue meine Zukunft auf einer soliden Basis der Ruhe und Stetigkeit auf. Ich beginne damit, meine inneren Stärken zu erkennen und zu mobilisieren, indem ich mich freundlich, aber bestimmt durchsetze. Ich spüre, wie sich ein solider Kern in mir entwickelt, der mir hilft, meine Umstände so zu ändern, dass ich glücklich sein kann. Ich verliere allmählich meine Angst und gewinne an Ruhe und Stärke. Der Erfolg ist mir sicher und mein Selbstvertrauen wächst mit jedem Tag. Meine Ruhe wird allmählich unerschütterlich, nichts wirft mich aus der Bahn. Ich bin der Fels in der Brandung und gehe jeden neuen Tag mit Ruhe an. Mit jedem Tag festigt sich meine Entschlusskraft, in meinem Leben aufzuräumen, und während ich seelisch stabiler werde, wird auch meine Darmtätigkeit solider.

## Visualisierung ◆

Stellen Sie sich vor, wie sich Ihr Verdauungsvorgang verlangsamt. Sehen Sie das Essen vom Magen *langsam* in den Darm abwandern, wo der Brei sich verdickt, weiterwandert und träge liegen bleibt. Stellen Sie sich die Ruhe vor, die Sie im Darm empfinden würden.

# Tipps

Essen und trinken Sie grundsätzlich so langsam wie möglich. Setzen Sie sich immer hin zum Essen und tun Sie dabei nichts anderes. Das heißt: Fernseher aus, Zeitung weg, Computer aus!

Hören Sie auf, herumzurennen und zehn Dinge gleichzeitig tun zu wollen. Eins nach dem anderen. Arbeiten Sie zügig, aber ohne Hektik. Legen Sie immer wieder kurze Ruhepausen ein. Selbst drei Minuten Hinsetzen bringen etwas.

Wenn Ihr Durchfall stressbedingt ist, dann schalten Sie Ihrem Durchfall-Skript *immer* ein Entspannungs-Skript (siehe S. 96) vor. Entspannung ist von größter Wichtigkeit, wenn sich Ihre Darmfunktion beruhigen soll. Führen Sie die Entspannung regelmäßig durch, am besten jeden Tag mindestens einmal. Ist der Körper durch Stress oder seelische Probleme angespannt, dann wird er eine Weile brauchen, um auf die positiven Suggestionen der Entspannung in vollem Umfang zu reagieren. Die beruhigende Wirkung macht sich im ganzen Körper bemerkbar und somit auch im Darm.

Durchfall verursacht Wasserverlust im Körper. Trinken Sie daher tagsüber immer wieder Wasser, um den Verlust auszugleichen.

Essen Sie Bananen, gekochten weißen Reis und trockenen Zwieback. Auch das Pektin in geriebenen Äpfeln tut bei Durchfall gut. Süßen Sie den geriebenen Apfel mit etwas Honig.

Nach einer akuten Durchfallphase oder bei immer wiederkehrendem Durchfall kann der Körper zu viel an Vitaminen und Mineralstoffen verlieren. Es kann ein Mangel an Kalzium, Eisen, Zink und Vitamin $B_{12}$ entstehen. Lassen Sie sich am besten von einem Heilpraktiker oder Homöopathen beraten, wie Sie diesen Mangel ausgleichen können.

# Ekzem (allergisch)

Eine Entzündung der Haut, wobei oft besonders die Kniekehlen und Ellbogen betroffen sind sowie Augen- und Mundpartien. Die Haut ist rot, trocken und juckt.

## Affirmationen ■

Wohltuende Feuchtigkeit entwickelt sich von innen und strömt durch alle Poren an die Oberfläche meiner Haut.
Allmählich wird meine Haut geschmeidiger, weicher und gesünder.
Mein inneres Gleichgewicht überträgt sich langsam auf meine Haut.

## Positiv-Skript ●

Meine Ruhe und innere Gelassenheit wirken sich positiv auf meinen Organismus aus. Ich atme ruhig und gleichmäßig, während sich mein Körper und meine Haut völlig entspannen. Ich gebe jetzt meinem Körper den Auftrag, gesunde neue Hautzellen zu produzieren. Meine inneren Heilkräfte fangen jetzt an, diesen Auftrag gut und zuverlässig auszuführen. Allmählich wandeln sich alle alten Hautzellen in gesunde neue Hautzellen um. Mein Körper produziert immer mehr Feuchtigkeit, die meine Haut seidig und geschmeidig macht. Die alten Hautzellen kann ich jetzt abgeben, um Platz zu machen für die neuen, gesunden. Mein Organismus stellt sich allmählich auf eine bessere Zellproduktion um. Alles kommt ins Gleichgewicht, mein Körper und meine Seele. Meine innere Ruhe erzeugt Harmonie in meinem Körper, und diese Harmonie überträgt sich auf meine Haut. Während ich ruhig atme, atme ich ein, was ich brauche, und ich atme aus, was nicht mehr zu mir gehört. Meine Haut regeneriert sich allmählich und wird gesund und geschmeidig.

## Visualisierung ◆

Stellen Sie sich vor, wie die schuppige Haut abfällt wie Blätter im Herbst und neue, gesunde Haut darunter hervortritt. Stellen Sie sich das für jeden betroffenen Körperteil vor.

# Tipps

Stellen Sie sicher, dass Sie sowohl von innen als auch von außen genug Feuchtigkeit bekommen. Trinken Sie jeden Tag mindestens zwei Liter Wasser und reiben Sie die betroffenen Hautstellen immer wieder mit unparfümierter Feuchtigkeitscreme ein.

Lebensmittelallergien können das Ekzem verschlimmern. Lassen Sie einen Spezialisten überprüfen, ob Sie an einer Allergie leiden.

Sie können auch selbst ausprobieren, ob Sie auf ein Lebensmittel allergisch reagieren, indem Sie folgende Lebensmittel zwei Wochen lang nicht zu sich nehmen: Wurst, Aufschnitt, eingelegtes Fleisch, geräucherter Fisch, Schalentiere, Kartoffeln, Zwiebeln, Mais, Auberginen, Paprikaschoten, Tomaten, Zitrusfrüchte und deren Säfte, Getreide, Maisöl, Gemüseöl, Milchprodukte von der Kuh, Eier, Tee, Kaffee, Alkohol, Leitungswasser, Schokolade, Nüsse, Hefe und Hefeprodukte, Meersalz und Gewürze sowie alles, was künstliche Zusatzstoffe enthält. (Lesen Sie beim Einkaufen immer die Zutatenbeschreibung auf der Packung!) Nach zwei Wochen können Sie damit anfangen, die ausgelassenen Nahrungsmittel langsam wieder einzuführen. Das neu eingeführte Lebensmittel sollten Sie zwei Tage lang ausprobieren. Wenn Ihr Körper negativ auf dieses Lebensmittel reagiert, lassen Sie es sofort wieder weg und vermeiden Sie es für mindestens weitere vier Wochen.

Nehmen Sie mehr grünes Blattgemüse, Wurzelgemüse und Obst zu sich und setzen Sie auch Hering und Tunfisch, Oliven- und Leinsamenöl sowie Avocados auf Ihren Speisezettel. Kürbiskerne enthalten Zink, ein wichtiges Mineral für gesunde Haut.

Essen Sie weniger Fleisch, tierische Fette, Kuhmilch und Milchprodukte, Schalentiere (Austern, Muscheln, Krabben, Garnelen), Weizenprodukte, Zitrusfrüchte und Eier. Vermeiden Sie Zucker aller Art, künstliche Farb- und Aromastoffe sowie Alkohol.

# Erschöpfung

Wenn Sie oft an Erschöpfung leiden, gehen Sie bitte zum Arzt. Denken Sie aber daran, dass auch seelische Ursachen oder Stress zu Erschöpfungszuständen führen können.

## Affirmationen ■

Ich darf mir Ruhe gönnen und neue Energiereserven aufbauen, die ich mit Besonnenheit nutze.
Tiefer Schlaf und innere Ruhe bringen mir körperliche Kraft.
Mein Körper sammelt in erholsamem Schlaf neue Kräfte, die sich von Tag zu Tag weiter steigern.

## Positiv-Skript ●

Ich nehme mir jetzt die Zeit, meinem Körper eine Erholungspause zu gönnen. Ganz langsam übernehmen es meine inneren natürlichen Heilungskräfte, ein gesundes Gleichgewicht in meinem Körper wiederherzustellen. Ich gehe mit meinem Energiehaushalt behutsam um. Ich erlaube mir viele Ruhepausen und darf alles ruhig viel langsamer tun als vorher. Ich behandle mich selbst mit Einfühlungsvermögen und Geduld. Nichts bringt mich aus der Ruhe. Arbeit darf liegen bleiben und ich auch! Meine seelische und körperliche Gesundheit ist mir wichtig. Tiefer Schlaf und innere Ruhe bringen mir neue körperliche Kräfte. Aus erholsamem Schlaf erschafft mein Körper neue Energien, die sich von Tag zu Tag aufbauen. Ganz langsam merke ich, wie meine Kräfte zurückkehren. Behutsam benutze ich die neuen Kräfte, um in meinen Alltag zurückzukehren. Ich beginne mich wohler zu fühlen, während ich mit jedem Tag spüre, wie sich meine körperliche Kraft steigert. Ich werde stärker und robuster und meine natürlichen Heilungskräfte helfen mir dabei.

## Visualisierung ◆

Stellen Sie sich vor, wie Ihr Körper sich mit »Energiepartikeln« füllt, die wie Glühwürmchen durch die Blutbahnen schwärmen und neue Energie im Körper erzeugen.

# Tipps

1. Stellen Sie sich vor, wie Sie im Schlaf und beim Ausruhen »Energiepartikel« im Körper erzeugen. Diese Partikel können so aussehen, wie Sie wollen. Wichtig ist, dass Sie diese Partikel als randvoll angefüllt sehen mit Kraft, die so stark ist, dass die Partikel leuchten. Stellen Sie sich vor, wie diese Partikel im Körper ausschwärmen und die Energie als Wärme an den Körper abgeben, sodass der innere Reservetank langsam wieder aufgefüllt wird. (Stellen Sie sich diesen Reservetank bitte auch bildlich vor.) Erst wenn der Reservetank voll ist und darüber hinaus Extra-Energie im Körper vorhanden ist, dürfen Sie wieder anfangen, Energie zu verbrauchen, und sich etwas mehr bewegen.

2. Seien Sie sich darüber klar, dass Erschöpfungszustände eine ganze Weile brauchen, bis sie wieder ausgeglichen sind. Wer erschöpft ist, lässt sich leicht dazu verführen, eventuelle kleine Kraftreserven schnell zu verpulvern. Als Faustregel gilt: Sie haben nur ein Drittel so viel Kraft, wie Sie meinen! Lassen Sie sich also nicht zu schnell vom Alltag wieder einholen, denn sonst liegen Sie in einem oder zwei Tagen erneut auf der Nase. Lieber langsam aufbauen, damit die neue Kraft auch bleibt.

3. Sagen Sie Ihren Mitmenschen Bescheid, dass Sie krank sind und eventuelle Arbeiten nicht oder nur langsamer verrichten können. *Versuchen Sie nicht, die Arbeiten trotzdem zu verrichten. Dadurch machen Sie alles nur noch schlimmer und riskieren schwerere Krankheiten.* Je länger Sie die Erholungszeit hinausschieben, desto größer wird Ihr Erschöpfungszustand. Und entsprechend länger dauert es dann auch, bis Sie sich wieder erholt haben.

4. Wenn Ihre Erschöpfung auf Überarbeitung oder körperliche Ursachen zurückgeht, dann kann Ihnen ein guter Homöopath helfen. Bei seelischen Ursachen sollten Sie sich an Ihren Hausarzt wenden, der Sie an einen Psychotherapeuten überweisen kann. Dieser kann Ihnen helfen, den seelischen Druck loszuwerden.

# Heuschnupfen

Auslöser sind entweder die Pollen blühender Gräser, Bäume oder Blumen oder aber Hausstaub, Federn, Tierhaare oder Schimmelpilze. Symptome sind Niesanfälle, juckende Augen und eine verstopfte Nase.

## Affirmationen ■

Ich bin völlig entspannt und lasse Pollen/Hausstaub/Tierhaare an mir abperlen.
Mein Körper ist ruhig und gegen Reizstoffe abgeschirmt.
Die Schleimhäute meiner Nase bilden eine schützende Barriere gegen Reizstoffe.

## Positiv-Skript ●

Ich bin entspannt und mein Körper ist gelöst und stark. Meine inneren Widerstandskräfte stehen mir jederzeit zur Verfügung und bilden eine sichere Barriere gegen Reizstoffe. Meine Widerstandskräfte schützen mich schnell und wirkungsvoll. Es ist, als ob ich von einer durchsichtigen Blase umgeben bin, die alles Schädliche von mir abprallen lässt. Die Innenwände meiner Nase sind angenehm kühl und trocken, egal, was draußen blüht/mit welchem Tier/welchen Stoffen ich in Berührung komme. Ein unsichtbarer Film schützt meine Naseninnenwände zuverlässig. Alles Schädliche prallt sofort ab. Ich bin ruhig und gelassen, mein Atem geht ruhig und gleichmäßig. Ich fühle mich entspannt und konzentriere mich ganz auf die schützende Wirkung meines unsichtbaren Films im Naseninnenraum. Ich kann wunderbar atmen und doch sind die Wände meiner Nase hermetisch abgeschlossen gegen alle Schadstoffe. Ich brauche mich nur auf den Schutzfilm in meiner Nase zu konzentrieren und schon prallen alle Schadstoffe sofort ab.

## Visualisierung ◆

Stellen Sie sich vor, wie Ihr Naseninnenraum von einem Schutzfilm überzogen ist, von dem Schadstoffe abprallen.

# Tipps

Sorgen Sie für gute Entspannung, bevor Sie mit Ihrer Visualisierungsübung beginnen. Ein ruhiger Körper ist im Gleichgewicht und kann deshalb von Reizstoffen weniger schnell angegriffen werden.

Üben Sie das Positiv-Skript und die Visualisierung, *bevor* die Heuschnupfenzeit anfängt. Auf diese Weise sind Sie gewappnet, wenn die Pollen erst einmal in der Luft sind.

Ein einfaches Hausmittel, das mit dem Heuschnupfen verbundene Niesen abzustellen, ist, kaltes Wasser durch die Nase einzuziehen und es durch den Mund wieder auszuspucken. Mit diesem einfachen Trick entfernen Sie alle Pollenkörner aus den Nasenpassagen. Damit hört das Niesen auf, zumindest so lange, bis Sie wieder nach draußen gehen.

Stellen Sie sich eine Flasche destilliertes Wasser in den Kühlschrank. Benutzen Sie dieses Wasser in der Heuschnupfenzeit, um die Augen damit auszuwaschen und so die Reizung zu mildern.

Sie können auch kalte, feuchte (gebrauchte) Teebeutel zwei Minuten lang auf die geschlossenen Augenlider legen, um gereizte und juckende Augen zu beruhigen.

Wenn Sie Honig essen, dann versuchen Sie, sich am Ort produzierten Honig zu besorgen. Auf diese Weise verschaffen Sie sich homöopathischen Schutz vor den Pollen, denen Sie um sich herum ausgesetzt sind.

Nehmen Sie mehr Orangen, Zitronen und schwarze Johannisbeeren zu sich, da sie viel Vitamin C enthalten. Knoblauch und Zwiebeln verhindern Schleimbildung und wirken antibakteriell.

# Impotenz

Fast jeder Mann hat im Leben gelegentlich ein Problem mit der Potenz. Der Grund dafür ist meistens in seelischen Ursachen zu suchen, aber auch Stress kann zu Impotenz führen.

## Affirmationen ■

Ich darf im Bett ruhig meinen Kopf ausschalten. Je mehr ich meinen Kopf ausschalte, desto besser klappt es im Bett.
Ich kann lernen, mich zu entspannen und dadurch meinen Spaß im Bett zu steigern.
Es ist mir egal, was passiert – ich lege im Bett einfach drauf los.

## Positiv-Skript ●

Ich gehe aus meiner momentanen Krise als Sieger hervor. Mit jedem Tag werde ich mir sicherer, dass ich auf die Kraft meines Körpers bauen kann. Ob ich will oder nicht, die natürlichen Funktionen meines Körpers lassen sich nicht mehr vermeiden. Egal, was mir durch den Kopf geht, mein Körper lässt sich nicht mehr einschüchtern und macht einfach, was er will. Es gelingt mir immer seltener, negativ zu denken. Immer häufiger vergesse ich, mir Sorgen über meine Männlichkeit zu machen. Manchmal schaffe ich es stundenlang nicht mehr, mich über vergangene Probleme aufzuregen, und mein Körper übernimmt einfach die Führung. Ich entwickle mich zum Versager, wenn es ums Grübeln und Sich-Sorgen-Machen geht, aber das ist mir auch egal, weil es aus irgendeinem unerfindlichen Grunde jetzt im Bett besser klappt. Immer schlechter kann ich mich daran erinnern, was einmal ein Problem war. Das interessiert mich auch gar nicht mehr, denn ich bin viel zu sehr damit beschäftigt, Spaß im Bett zu haben, als dass ich mich mit dieser Gedächtnisschwäche auseinandersetzen könnte.

## Visualisierung ◆

Nehmen Sie eine besonders schöne sexuelle Erinnerung zu Hilfe und stellen Sie sich im Detail vor, wie es damals war und was damals so aufregend war.

# Tipps

Wenn Sie schon seit Jahren oder schon immer an Impotenz gelitten haben, sollten Sie in der Zwischenzeit beim Arzt gewesen sein, um sich untersuchen zu lassen. Sind körperliche Ursachen ausgeschlossen, dann gehen Sie am besten zum Hypnosetherapeuten, der versuchen wird, entweder die Ursache Ihrer Impotenz zu ergründen und/oder Ihnen durch Suggestionen helfen wird.

Überlegen Sie, ob Sie momentan zu Hause oder bei der Arbeit unter Stress stehen. Wenn seelischer Druck auf Ihnen lastet und Sie gedanklich nicht abschalten können, kann das Einfluss auf Ihre Potenz haben oder auch Ihr Interesse an Sex mindern. Wenn Sie Ihre Stress-Ursache ausmachen können, dann überlegen Sie, ob es eine Möglichkeit gibt, den Stress abzustellen, *und tun Sie das dann auch!*

Wenn Sie an vorzeitigem Samenerguss leiden, dann beschränken Sie sich die nächsten zwanzig Male oder die nächsten sechs Monate (je nachdem, wie oft Sie mit Ihrer Partnerin zusammen sind) nur auf das Vorspiel. Alles ist erlaubt, nur kein vollzogener Geschlechtsverkehr. Egal, wie sehr Ihnen danach ist, bleiben Sie standhaft! Auf diese Weise bauen Sie über einen Zeitraum hinweg nicht nur ein interessanteres Vorspiel auf, sondern lernen auch, mit Ihrer Vorfreude auf Sex besser umzugehen. – Selbstverständlich ist es wichtig, dass Sie mit Ihrer Partnerin erst einmal über diese neue Regel sprechen, damit sie Sie bei Ihrem Vorhaben unterstützen kann.

Wenn Sie keine Erinnerungen an besonders erfolgreichen Sex haben, dann erfinden Sie einfach eine Vorstellung! Fantasieren Sie, wie es wäre, wenn Sie mit einer Partnerin Spaß und Erfolg im Bett hätten. Lassen Sie dabei ruhig alle körperlichen Gefühle hochkommen, die dazugehören. Je intensiver die Vorstellung, desto besser die Wirklichkeit. Führen Sie diese Übung regelmäßig einmal täglich durch.

# Knochenbruch

Knochenbrüche verheilen meistens gut, indem der jeweilige Körperteil ruhig gestellt wird, entweder mit einem Verband oder mit einem Gips.

## Affirmationen ■

Mein Körper heilt sich leicht und schnell.
Die Heilkraft meines Körpers hilft mir mit jedem Tag mehr und mehr, neue Knochenmasse zu produzieren.
Mein Knochen wächst im Nu wieder zusammen und ich fühle mich mit jedem Tag wohler und stärker.

## Positiv-Skript ●

Alles kommt wieder in Ordnung. Der Heilungsprozess darf jetzt in aller Ruhe anlaufen. Ich bin ruhig und gelassen und erlaube den natürlichen Heilungskräften meines Körpers, aktiv zu werden. Meine Ruhe und heitere Gelassenheit ermöglichen es meinem Körper, gut und schnell solide neue Knochenmasse zu produzieren, die meinen Knochen wieder nahtlos zusammenwachsen lässt. Ich freue mich schon heute auf die guten Resultate von morgen. Ganz allmählich stärkt sich mein Knochen und auch die Muskeln und Sehnen um den Bruch herum entspannen sich und heilen gut und schnell. Mein Körper fühlt sich leicht und frei, auch um die Bruchstelle herum. Mit jedem Tag wird mein Knochen stabiler und solider und ist schon bald wieder voll belastbar. Ich freue mich, dass mir meine inneren Heilkräfte so hervorragende Dienste leisten.

## Visualisierung ◆

Stellen Sie sich vor, Sie könnten in Ihren Körper hineingehen. Schauen Sie sich zuerst einen Knochen an, der stark und gesund ist. Wie sieht er aus? Welche Farbe hat er? Wie fühlt er sich an, wenn Sie ihn anfassen? Gehen Sie jetzt in Gedanken zum gebrochenen Knochen. Füllen Sie die Bruchstelle mit imaginärem »Knochenzement« auf und spachteln Sie alle Risse schön zu.

# Tipps

Entspannen Sie sich vor der Visualisierung gut. Ein entspannter Körper bewirkt ein inneres, physisches Gleichgewicht, bei dem der Kreislauf auf »normal« geschaltet und der Herzschlag auf »ruhig« gestellt ist. Entsprechend positiv verändert sich auch die Blutchemie – Wachstumshormone werden ausgeschüttet, die zur Reparatur von Gewebe und Knochen ausschlaggebend sind. Die Nerven beruhigen sich und der Heilungsprozess kann beginnen.

Benutzen Sie das Skript und die Visualisierungsübung nicht statt der Krankengymnastik, sondern als *unterstützende* Maßnahme. Um Gliedmaßen wieder voll funktionsfähig machen zu können, müssen diese zunächst langsam bewegt werden, und zwar unter fachmännischer Anleitung.

Bei der Visualisierung kommt es nicht darauf an, wie akkurat Ihr Vorstellungsbild mit den tatsächlichen Körperprozessen eines heilenden Knochenbruchs übereinstimmt. Wenn es Sie interessiert, können Sie ruhig nachlesen, wie sich neue Knochenmasse bildet. Wer es gerne präzise hat, dem hilft diese Extra-»Hausaufgabe«, sich bei der Visualisierung sicherer zu fühlen. Notwendig ist das aber nicht.

Sie können Ihre Visualisierung ruhig auf Ihre eigenen Bedürfnisse zuschneiden. Obwohl Ihnen auf der gegenüberliegenden Seite ein bestimmtes Gedankenbild vorgegeben wird, haben Sie vielleicht eine andere Idee, wie man einen Knochen wieder »kitten« könnte. Das ist völlig in Ordnung. Manche Leute stellen sich vor, wie sie zwischen den Knochenteilen Brücken bauen, um die Knochen miteinander zu verbinden. Andere wiederum senden einen heilenden elektrischen Strom durch ein Knochenstück, der am abgebrochenen Ende neue Knochenmasse bildet. Sie selbst haben vielleicht eine völlig abweichende Idee von allem hier Vorgeschlagenen. Solange Sie sich bei der Vorstellung wohl fühlen, ist sie richtig!

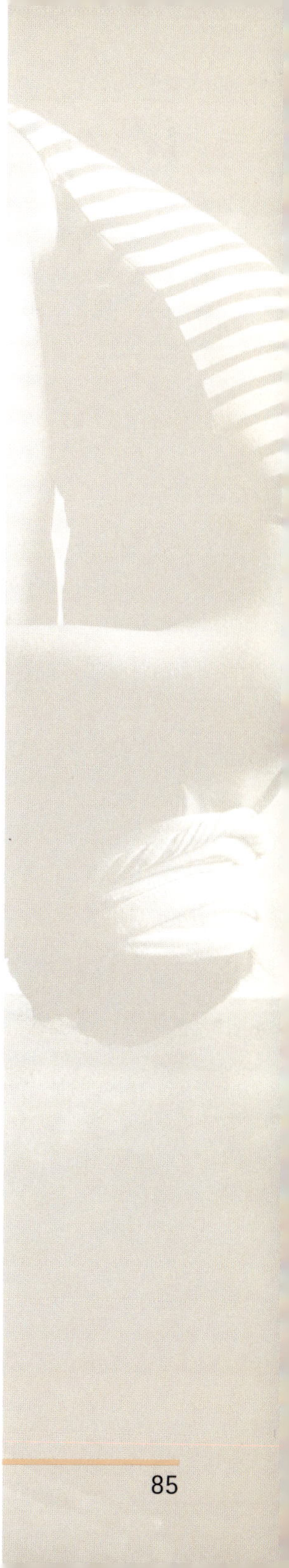

# Kopfschmerzen

Gelegentliche Kopfschmerzen, deren Ursachen bekannt sind (wie etwa eine durchzechte Nacht), sind gewöhnlich harmlos. Wer aber regelmäßig an Kopfschmerzen leidet, sollte herausfinden, woher sie kommen.

## Affirmationen ■

Mein Kopf wird leicht und frei und ich fühle mich immer wohler.
Ruhe und Wohlbefinden durchströmen meinen Körper und meinen Kopf.
Langsam beruhigt sich mein Kopf und die Spannung löst sich auf.

## Positiv-Skript ●

Ich erlaube es jetzt der Anspannung in meinem Kopf, sich allmählich und in aller Ruhe aufzulösen. Behutsam glätten sich die Verspannungen in meinem Kopf und alles strömt wieder leicht und frei. Unerwünschtes löst sich langsam auf. Ich atme ruhig und gleichmäßig. Mit jedem Atemzug versinke ich in tiefere Entspannung. Harmonie und Wohlbefinden entspannen meine Füße und Beine, meine Arme und Hände. Harmonie und Wohlbefinden durchströmen meinen Bauch und meinen Magen, sodass ich dort ein warmes Gefühl empfinde. Diese heilende und wohltuende Wärme lasse ich langsam nach oben steigen, in meinen Brustbereich, in meinen Hals und in meinen Kopf. Ganz allmählich hebt sich die Schwere in meinem Kopf und löst sich auf. Ich fühle mich leichter und freier, mein Kopf ist entspannt und klar. Alle Gefühle, die ich in meinem Kopf nicht mehr brauche, schweben aus meinem Kopf heraus und fliegen davon wie kleine weiße Wolken am Sommerhimmel.

## Visualisierung ◆

Stellen Sie sich vor, Sie könnten in Ihren Kopf hineingehen und den Kopfschmerz lokalisieren. Stellen Sie sich im Geiste vor, Sie könnten die schmerzende Stelle mit einer Wundersalbe bestreichen, die den Schmerz allmählich lindert und schließlich ganz abstellt.

# Tipps

Bevor Sie Ihren Kopfschmerzen mit Affirmationen und Skripts zu Leibe rücken, stellen Sie immer zuerst fest, ob es eine körperliche Ursache für die Schmerzen gibt. Lassen Sie sich gegebenenfalls von Ihrem Arzt beraten und/oder untersuchen.

Führen Sie ein Kopfschmerz-Tagebuch, um festzuhalten, wann die Kopfschmerzen auftreten. Dabei sollten Sie aufschreiben, was Sie am Tag essen oder trinken und was sich am Tag ereignet, das eventuell Stress verursacht.

Überprüfen Sie, ob Sie eine Lebensmittelallergie haben, die bei Ihnen Kopfschmerzen auslöst. Schokolade, Käse oder Rotwein können die Schuldigen sein. Verzichten Sie dann zwei Wochen lang auf das entsprechende Lebensmittel und beobachten Sie, ob die Kopfschmerzen dadurch verschwinden. Wenn Sie sich nicht sicher sind, lassen Sie sich von einem Allergie-Spezialisten untersuchen.

Bekommen Sie immer dann Kopfschmerzen, wenn Sie seelisch aufgewühlt sind oder unter Stress stehen? Ist das der Fall, dann schalten Sie Ihrem Kopfschmerz-Skript das Entspannungs-Skript von Seite 96 vor.

Lassen Sie Ihre Sehschärfe überprüfen. Wenn Sie sich beim Sehen anstrengen müssen, kann das Kopfschmerzen verursachen. Auch eine schlechte Körperhaltung, ausgelöst durch die falsche Tisch- oder Stuhlhöhe, können Probleme mit sich bringen.

Schmerztabletten sollten nur eine Zwischenlösung sein. Sie sind durchaus vertretbar, solange sie nur gelegentlich eingenommen werden. Bei ständiger Einnahme können sich die Chemikalien in den Schmerztabletten ungünstig auf Magen und Darm auswirken. Wenn keine körperlichen Ursachen bestehen, kann Ihnen Homöopathie auf natürliche Art helfen.

# Monatsbeschwerden

Die monatliche Regel wird für viele Frauen zur Qual, weil sie schmerzhaft ist. Krämpfe und Rückenschmerzen sowie ein allgemeines Gefühl der Niedergeschlagenheit können auch besonders bei jungen Mädchen auftreten.

## Affirmationen ■

Meine Regel darf in aller Ruhe ablaufen.
Meine Ruhe und Gelassenheit steigern mein Wohlbefinden während der Regel.
Ich schwimme wie ein Korken auf dem Meer meiner Regel, leicht und frei.

## Positiv-Skript ●

Mein Körper beginnt jetzt, sich allmählich zu entspannen. Ich lasse langsam alle Muskeln und Muskelfasern los. Ich lasse los, löse und entspanne. Mein Unterleib wird allmählich angenehm warm und gelöst. Alle Hormone arbeiten in Harmonie mit den Eierstöcken. Meine Periode wickelt sich reibungslos ab. Ganz langsam löst sich das Gewebe, das nicht mehr gebraucht wird, und wandert ruhig und gemächlich zum Ausgang. Alle Muskeln und Fasern helfen dem gelösten Gewebe auf diesem Weg. In leisen Wellenbewegungen hilft der Körper, das überflüssige Gewebe abzutransportieren. So wie die Meereswellen eine Flaumfeder sacht an den Strand tragen, so sanft befördert mein Körper das Gewebe ab. Ich bin entspannt und atme ruhig und gleichmäßig. Meine Atmung hilft meinem Körper bei seinen sanften Wellenbewegungen, fördert, bewegt und harmonisiert alle notwendigen Abläufe.

## Visualisierung ◆

Stellen Sie sich vor, Sie könnten in Ihren Unterleib hineinsehen. Finden Sie in Ihrer Vorstellung einen Schalter, der die Wellenbewegungen des Körpers reguliert. Stellen Sie den Schalter auf eine niedrigere Wellenbewegung herunter.

# Tipps

Probieren Sie verschiedene Liege- oder Sitzpositionen aus. Gibt es eine, die den Schmerz abschwächt?

Achten Sie einmal darauf, in welcher Position sich Ihr Rücken befindet, während Sie sitzen oder liegen. Wenn der Schmerz nicht zu stark ist, knien Sie sich auf alle viere und drücken Sie den Rücken abwechselnd einmal nach unten und dann wieder als Buckel nach oben. Verschafft Ihnen diese Übung Erleichterung?

Trinken Sie grundsätzlich, auch vor der Regel, viel Wasser, zwei bis drei Liter am Tag. Das »schmiert« den Körper, entlastet Leber und Nieren und kann auch die Regel erträglicher machen. Trinken Sie am besten Mineralwasser oder gefiltertes Wasser. Stilles Wasser ist besser als mit Kohlensäure versetztes.

Wer es gewöhnt ist, wenig zu trinken, empfindet es anfangs oft als unmöglich, größere Mengen zu sich zu nehmen. Wenn Sie Probleme damit haben, viel Wasser zu trinken, dann steigern Sie Ihren Flüssigkeitskonsum langsam. Stellen Sie sich ein Glas Wasser auf den Tisch und nippen Sie immer wieder daran. So gewöhnen Sie sich an den Geschmack und auch an größere Mengen.

Lassen Sie sich beraten, welche Vitamine, Mineralstoffe und Nahrungsmittel Ihnen helfen können. Denken Sie aber daran, dass jede Frau anders reagiert. Sie müssen eventuell Verschiedenes ausprobieren, bis Sie das natürliche Mittel finden, das bei Ihnen wirkt.

Beschränken Sie grundsätzlich Ihren Zuckerkonsum. Salzen Sie außerdem Speisen möglichst nicht zu stark und reduzieren Sie den Genuss von Milchprodukten, da diese die Aufnahme von Magnesium im Körper verhindern.

# Reisekrankheit

Ob im Auto, Bus, Flugzeug oder auf dem Schiff: Wer an Reisekrankheit leidet, fühlt sich oft sterbenselend. Der Magen rebelliert, man fühlt sich schwach, schwindelig und wird von Übelkeit geschüttelt.

## Affirmationen ■

Meine innere Ruhe ist unerschütterlich und stabilisiert meinen Magen.
Mein Körper ist müde und schläfrig und alle meine Organe ruhen sich während der Fahrt/des Fluges aus.
Egal, wie sich das Auto/Schiff/Flugzeug bewegt, mein Körper bleibt stabil und ruhig.
Ich spüre ein schweres, beruhigendes Gefühl.

## Positiv-Skript ●

Mein ganzer Körper ist warm und entspannt. Ich entspanne mich immer mehr. Mein Körper wird ruhiger und schwerer. Mit zunehmender Schwere stabilisiert sich mein Magen. Ich sinke bequem in meinen Sitz und spüre, wie die innere Schwere alle meine Organe nach unten sinken lässt. Ich fühle mich ruhig und schläfrig. Egal, wie sich das Auto/Schiff/Flugzeug bewegt, meine innere Schwere verhilft mir zu einem angenehmen Reisegefühl. Ich konzentriere mich ganz auf dieses schwere, beruhigende Gefühl in meinem Körper, das mich entspannt und besänftigt. Ruhe und Entspannung durchströmen meinen Körper. Ich fühle mich angenehm ruhig und wohlig entspannt, während ich in aller Ruhe dorthin fahre/fliege, wohin ich will. Mein Körper ist angenehm entspannt und schwer und diese innere Schwere zieht mich besänftigend in den Sitz, während sich das Auto/Schiff/Flugzeug sicher fortbewegt.

## Visualisierung ◆

Stellen Sie sich vor, Sie könnten in Ihren Körper hineinsehen und einen Drehschalter finden, der das Schweregefühl beeinflusst. Drehen Sie den Schalter auf »sehr schwer«.

# Tipps

Essen Sie vor der Fahrt/dem Flug nur wenig. Essen Sie wenig Milchprodukte, fette Speisen und Salziges. Vermeiden Sie Alkohol, Fleisch und Fleischprodukte sowie Koffein.

Besonders Kinder haben oft Probleme mit Reisekrankheit. In den meisten Fällen entwachsen sie diesem Problem aber früher oder später. Geben Sie den Kindern zu Anfang der Reise ein gutes Frühstück, das viel Kohlehydrate enthält, zum Beispiel Brot. Vermeiden Sie Süßigkeiten, Chips und Colagetränke, denn damit ist der Brechreiz schon vorprogrammiert! Nehmen Sie für unterwegs Nüsse, Rosinen, Äpfel, Bananen und Trauben mit.

Beschäftigen Sie die Kinder (oder sich selbst, wenn Sie an Reisekrankheit leiden) unterwegs mit Ratespielen und Geschichten auf Kassette, um sie abzulenken.

Nehmen Sie ausreichend Flüssigkeit zu sich, besonders, wenn Sie sich schon erbrochen haben. Gerade kleine Kinder und Babys müssen unbedingt Flüssigkeit zu sich nehmen, da sie gefährlich schnell dehydrieren. Schwacher Kamillentee mit Honig oder stilles Mineralwasser eignen sich, oder auch klare Gemüsebrühe, die Sie in einer Thermoskanne warm halten können.

Ein altes Hausrezept gegen Reisekrankheit: Kauen Sie alle halbe Stunde ein Stück karamelisierten Ingwers.

Essen Sie schon einen Tag vor der Reise vernünftig. Übermäßiger Alkoholgenuss oder zu fettes Essen reizen den Magen und machen es wahrscheinlicher, dass Ihnen auf der Reise schlecht wird.

Vermeiden Sie es, beim Reisen zu lesen, wenn Sie an Reisekrankheit leiden.

# Reizdarm

Starke Unterleibsschmerzen, begleitet von Blähungen und Durchfall, wobei Durchfall und Verstopfung oft miteinander abwechseln. Doppelt so viele Frauen wie Männer sind von dieser Krankheit betroffen.

## Affirmationen ■

Meine innere Ruhe breitet sich im ganzen Körper aus und wirkt lindernd auf meinen Darm.
Allmählich besänftigen die inneren Heilungskräfte meines Körpers alle Muskeln und Fasern meines Darms.
Wärme und Wohlsein strömen heilend durch meinen ganzen Körper.

## Positiv-Skript ●

Meine Entspannung vertieft sich mit jeder Minute. Mit jedem Atemzug schwebe ich tiefer und tiefer in angenehme körperliche und seelische Entspannung. Mein ganzer Körper kommt langsam zur Ruhe und die wohltuenden und lindernden Heilungskräfte meines Körper sorgen allmählich dafür, dass sich ein Gefühl des Wohlbefindens in mir ausbreitet. Was vorher angespannt war, entspannt sich langsam. Was vorher hart war, wird weich. Was vorher nervös war, wird jetzt ruhig. Was vorher unangenehm war, löst sich in Wohlgefallen auf. Tiefe innere Ruhe durchströmt mich, mein Körper sinkt tiefer und tiefer in angenehme Entspannung. Mein Darm kommt zur Ruhe und angenehme Gefühle breiten sich in meinem Unterleib aus. Ich atme auf und spüre die Erleichterung mit jeder Minute mehr. Alles löst sich, entspannt sich, wird ruhiger und harmonischer.

## Visualisierung ◆

Stellen Sie sich vor, Sie könnten in Ihren Darm hineinsehen und nötige Reparaturen ausführen. Bestreichen Sie in Gedanken die Wände des Darmes mit heilender Salbe, die die natürliche Darmflora wiederherstellt.

# Tipps

Reizdarm ist ein typisches Beispiel für eine Krankheit, die durch die Behandlung einer anderen Krankheit verursacht worden ist. Das kann entweder eine Lebensmittelvergiftung gewesen sein oder eine andere Beschwerde, für die Antibiotika eingenommen wurden. Wie wir inzwischen wissen, zerstören Antibiotika die Darmflora. Nehmen Sie daher regelmäßig Jogurt mit lebenden Bakterienkulturen zu sich.

Viele Menschen mit Reizdarm-Syndrom leiden an einer Lebensmittelallergie. Lassen Sie sich daher auf jeden Fall von einem Fachmann untersuchen, sodass festgestellt werden kann, ob Sie auf Milchprodukte oder Getreide verzichten müssen. Auch Fleisch kann dem Darm Probleme bereiten.

Für Verdauungsbeschwerden und Verstopfung sowie als unterstützende Maßnahme zum Abnehmen werden oft größere Mengen von Kleieprodukten empfohlen. Kleie ist eine starke Belastung für Ihren Reizdarm – vermeiden Sie sie um jeden Preis!

Essen Sie regelmäßig kleinere Mahlzeiten. Damit erleichtern Sie Ihrem Darm die Verdauungsarbeit und vermeiden so auch die unangenehmen Begleiterscheinungen der Krankheit weitgehendst.

Trinken Sie pro Tag mindestens 1,5 Liter Wasser, möglichst aus der Flasche oder gefiltert. Der Stuhl bleibt dadurch weich und lässt sich entsprechend leichter ausstoßen.

Wenn Ihnen Verstopfung zu schaffen macht, dann nehmen Sie Pektin in seiner natürlichen, löslichen Form ein. Dieses Pektin finden Sie in Äpfeln, Birnen und Datteln. Kaufen Sie möglichst organisches Obst, das nicht mit Pestiziden behandelt wurde.

# Schmerzen (chronische)

Manche Krankheiten bringen Schmerzen mit sich, die über einen langen Zeitraum anhalten und so dem Leidtragenden schlaflose Nächte bereiten. Auch Schmerz, der nur leicht ist, aber lange anhält, kann zermürben.

## Affirmationen ■

Mein ganzer Körper wird schwerer und ruhiger und alle Nerven beruhigen sich.
Ganz ruhig und entspannt entlasse ich jetzt alle Gefühle des Unwohlseins.
Ich werde leicht wie eine Feder und alle störenden Körpergefühle lösen sich auf.

## Positiv-Skript ●

Ich versinke langsam in immer tiefere Entspannung. Nichts stört mich, niemand will etwas, niemand erwartet jetzt etwas. Ich bin völlig ruhig und gelöst. Mein Körper darf alles loslassen, was er nicht mehr braucht. Ich bin leicht und frei und entlasse alle Körpergefühle, die mir jetzt nicht mehr dienen. Es durchströmt mich eine wohlige Ruhe. Es ist, als würde mein Körper von einer heilenden Flüssigkeit durchströmt, die von den Füßen in die Beine, von den Beinen in den Unterkörper, vom Unterkörper in den Oberkörper gleitet und alle Muskeln und Organe besänftigt, beschwichtigt und beruhigt. Vom Oberkörper strömt die heilende Flüssigkeit in die Schultern, in die Arme und hinunter in die Hände. Vom Oberkörper strömt die heilende Flüssigkeit in den Hals und in den Kopf. Die heilende Flüssigkeit beruhigt alle Muskeln, Sehnen und Nerven. Alle Nervenenden werden allmählich ruhig und färben sich von Rot zu Rosa. Allmählich breitet sich ein Gefühl des Wohlseins und der Entspannung in meinem Körper aus.

## Visualisierung ◆

Stellen Sie sich vor, wie die Flüssigkeit den ganzen Körper durchströmt und die Farbe der Nerven sich verändert.

# Tipps

Doktern Sie an Schmerzen nicht herum, ohne dass Sie sich fachmännischen Rat geholt haben. Schmerzen sind ein Warnsignal des Körpers und sollten nicht mit Tabletten oder anderen Mitteln abgestellt werden, wenn nicht klar ist, woher sie kommen. Gehen Sie also zuerst zu Ihrem Arzt und lassen Sie sich gründlich untersuchen.

Beobachten Sie einmal, wie Sie Ihren Schmerz empfinden. Ist es ein brennendes oder stechendes Gefühl? Fühlt sich der Schmerz dumpf oder scharf an? Ist der Schmerz gleichmäßig oder pochend? Je nachdem, welche Merkmale Ihr Schmerz hat, können Sie das Visualisierungsbild verändern:

**Brennender Schmerz**
Stellen Sie sich vor, wie Sie die schmerzende Stelle mit Schnee oder mit kühlenden Tüchern bedecken.

**Stechender Schmerz**
Stellen Sie sich vor, wie Sie ein Stück Hartholz zwischen die stechenden Messer Ihres Schmerzes und Ihre schmerzende Körperstelle schieben. Schauen Sie zu, wie die Messer sich langsam abstumpfen.

**Pochender Schmerz**
Gehen Sie in Ihren Körper hinein und suchen Sie den Lautstärke-Regler in Ihrem Körper. Stellen Sie das Pochen auf »leise«.

Lenken Sie sich immer wieder ab. Denken Sie intensiv an etwas, was Sie gerne tun, oder erinnern Sie sich an ein schönes Erlebnis. Durch diese mentalen Ablenkungsmanöver vermindert sich die Wahrnehmung Ihrer Schmerzen.

Vergessen Sie das Atmen nicht. Wenn wir Schmerzen haben, halten wir oft unwillkürlich die Luft an, wodurch wir uns noch mehr verkrampfen und die Schmerzwahrnehmung verschlimmern. Atmen Sie ruhig und gleichmäßig.

# Verspannung

Besonders, wenn man über einen langen Zeitraum hinweg intensiv arbeitet oder eine schwere Lebensphase durchmacht, kann es zu körperlichen Verspannungen kommen, auch wenn man die Situation ansonsten gut im Griff hat.

## Affirmationen

Ich erlaube meinem Körper, in tiefe und angenehme Entspannung zu versinken.
Mit jedem Atemzug sinke ich in tiefere Entspannung.
Lösen, loslassen und entspannen – allmählich lösen sich alle Muskeln und Fasern in meinem Körper.

## Positiv-Skript

Ich konzentriere mich einen Moment lang auf meine *Füße* und stelle mir vor, wie sich alle Muskeln und Fasern ganz allmählich entspannen, loslassen und lösen. – Ich konzentriere mich auf meine *Beine* und stelle mir vor, wie sich alle Muskeln und Fasern ganz langsam entspannen, loslassen und lösen. Mein Atem hilft mir, immer tiefer in die Entspannung zu sinken. – Ich konzentriere mich auf meinen *Bauch* und stelle mir vor, wie sich alle Muskeln und Fasern behutsam entspannen. – Ich konzentriere mich auf meinen *Brustkorb* und stelle mir vor, wie sich alle Muskeln und Fasern allmählich entspannen, loslassen und lösen. Mein Atem geht ruhig und gleichmäßig. – Ich konzentriere mich auf meine *Hände* und stelle mir vor, wie sich alle Muskeln und Fasern langsam entspannen, loslassen und lösen. – Ich konzentriere mich auf meine *Arme* und stelle mir vor, wie sich alle Muskeln und Fasern behutsam entspannen. Mein Atem hilft mir, immer tiefer in die Entspannung zu sinken.

## Visualisierung

Stellen Sie sich im Geiste vor, wie sich die Muskeln und Fasern im jeweiligen Körperteil ausdehnen, weiten und schwer in den Stuhl hineinsinken.

# Tipps

Um sich mit diesem Positiv-Skript zu entspannen, nehmen Sie es sich am besten auf Kassette auf und hören es mit Kopfhören. Damit erzielen Sie den besten Entspannungseffekt.

Lösen Sie enge Kleidung, damit Sie frei atmen können, denn das alleine hilft schon, Verspannungen abzumildern.

Schalten Sie für mindestens zehn Minuten alle Störquellen ab. Also: kein Radio, Fernsehen oder Computer bitte! Legen Sie ein Kissen über das Telefon oder schalten Sie den Anrufbeantworter an, damit Sie nicht gestört werden. Sagen Sie Ihrer Familie Bescheid, dass Sie einen Moment lang Ihre Ruhe haben wollen, und verziehen Sie sich am besten ins Schlafzimmer.

Wenn Sie wollen, können Sie sich bei der Durchführung des Positiv-Skripts noch zusätzlich im Geiste vorstellen, dass Sie sich an einem idyllischen Urlaubsort befinden. Beziehen Sie dabei alle Sinne mit ein: Gehör, Tastgefühl und Sehvermögen. Wenn Sie sich also an einen tropischen Strand fantasieren, stellen Sie sich das Rauschen der Wellen vor, das Gefühl des goldenen Sandes, der durch Ihre Finger rinnt, die Wärme der Sonne auf Ihrer Haut, die Palmenwedel, die sich leise in der angenehmen Brise bewegen und so weiter. Andere geeignete Entspannungs-Szenen sind ein Boot, das leise auf den Wellen eines kleinen Sees schaukelt, eine Bergwiese voller Blumen, ein hübscher kleiner Garten, von alten Bäumen umgeben, oder ein Ort, der Ihnen aus Ihrer Kindheit vertraut ist und an dem Sie sich damals sehr wohl gefühlt haben.

Wenn Sie das Gefühl haben, mit dem Positiv-Skript nicht genug körperliche Entspannung zu erzielen, dann probieren Sie eine Variante der Übung. Während Sie sich auf die einzelnen angesprochenen Körperteile konzentrieren, spannen Sie sie gleichzeitig etwas an und lassen Sie sie dann langsam los.

# Verstopfung

Durch ungesunde Ernährungsweise und einen Mangel an Bewegung kann es zu Verstopfung kommen. Chronische Verstopfung heißt, dass Körper-»Abfall« nicht regelmäßig genug beseitigt wird und so den Körper belastet.

## Affirmationen ■

Es macht mir Spaß, meinem Körper Bewegung zu verschaffen und meine Darmtätigkeit zu stimulieren.
Ich bin entspannt und lasse jetzt los, was ich nicht mehr brauche.
Ich ändere meine Lebensweise auf angenehme Art und freue mich, wie gut mein Darm darauf reagiert.

## Positiv-Skript ●

Ich bringe mein Leben in Bewegung. Ich kremple um, was geändert werden muss. Ich entferne, was ich nicht mehr brauchen kann, und ich verbessere das, was mich stört. Langsam, aber sicher beseitige ich die Hindernisse in meinem Leben. Ich werde aktiver und ich baue neue Kräfte in mir auf. Ich genieße es, die Kräfte meines Körpers aktiv einzusetzen. Je mehr ich meine seelischen und körperlichen Kräfte mobilisiere, desto positiver reagiert mein Darm. Indem ich allmählich Überflüssiges und Schädliches aus meinem Leben entferne, kann sich auch mein Darm immer besser seines Ballastes entledigen. Ich übernehme jetzt wieder die Führung in meinem Leben und sitze nicht länger auf unerledigten Angelegenheiten herum. Weil ich mich aktiv für mein Wohlergehen einsetze, wird mein Darm aktiv. Ich kann meinen Darm jeden Tag pünktlich und mühelos entleeren. Alle meine Körperfunktionen arbeiten harmonisch miteinander für einen gesunden, starken Körper, der mich jederzeit seelisch unterstützt.

## Visualisierung ◆

Stellen Sie sich vor, wie vom Magen her Wasser und Ballaststoffe in den Darm fließen und wie diese den Darminhalt in Bewegung versetzen.

# Tipps

Wasser hilft der Verdauung. Nehmen Sie darum regelmäßig viel Flüssigkeit zu sich. Verwenden Sie Wasser aus der Flasche oder gefiltertes Wasser, möglichst ohne Kohlensäure. Trinken Sie täglich mindestens zwei Liter, besser noch drei. Kaffee oder Tee eignen sich nicht dazu, den Wasserhaushalt auszugleichen, da sie dem Körper Wasser entziehen!

Vermeiden Sie weißes Brot und süße Frühstücks-Zerealien. Reichern Sie Ihre Mahlzeiten stattdessen lieber mit Vollkornbrot, Müsli, Früchten, Gemüse und Salaten an. Äpfel, Birnen, Bohnen und gekochte grüne Blattgemüse eignen sich ebenfalls hervorragend, die Verdauung anzuregen. Vermeiden Sie aber Kleie.

Verschaffen Sie sich Bewegung, denn dadurch wird auch der Darm stimuliert. Dazu brauchen Sie sich nicht bei einem teuren Fitnessclub einzuschreiben. Zwanzig Minuten flottes Gehen bringt Ihren Stoffwechsel in Schwung und Ihren Darm in Gang. Sie können auch öfter Treppen steigen, statt den Aufzug zu benutzen, oder zu Fuß gehen, wo Sie sonst den Wagen benutzen würden. Nachdem Sie sich bewegt haben, nehmen Sie bitte gleich wieder Wasser zu sich.

Statt lange Zeit auf der Toilette sitzen zu bleiben, stehen Sie lieber immer wieder auf und bewegen Sie sich, indem Sie in der Wohnung herumlaufen oder ein paar Bewegungsübungen machen. Das ist zwar unangenehm, weil Sie merken, dass der Darm entleert werden muss, hilft Ihnen aber eher, weil die Bewegung die Darmtätigkeit fördert.

Setzen Sie sich immer wieder aufrecht und mit geradem Rücken auf der Toilette zurecht, statt nur nach vorne gekrümmt auf die »Erlösung« zu hoffen. Durch das Geradesitzen kann der Stuhl weiter nach unten rutschen, vorausgesetzt, Sie haben genug Wasser getrunken!

# Psyche

Manchen Menschen schlägt Stress auf den Körper, anderen dagegen auf die Psyche. Viele seelische Probleme sind Folge einer Überbelastung körperlicher oder emotionaler Art. Wer ständig zu viel arbeitet, sich von anderen ausnutzen lässt oder mit seinen Lebensbedingungen nicht klarkommt, kann zum Beispiel eine Phobie oder Suchtverhalten entwickeln.

So wie manche Menschen eine körperliche Schwachstelle haben, an der sich Stress äußert (zum Beispiel Kopfschmerzen, Magen- oder Herzbeschwerden bei Aufregung), so neigen andere Menschen dazu, psychische Probleme zu entwickeln, wenn Sie das Gefühl haben, die Kontrolle über ihr Leben zu verlieren. Die Ursachen für diesen Verlust an Kontrolle können auf verschiedenen Gebieten liegen. So kann zum Beispiel eine Krankheit oder ein Unfall dazu führen, dass der Leidtragende den Anschluss an das Alltagsleben verliert, weil er lange Zeit im Krankenhaus ist und nicht arbeiten kann. Das führt dazu, dass er sich körperlich schwach fühlt und dann Ängste entwickelt, nicht mehr voll einsatzfähig zu sein. Stress kann aber auch ausgelöst werden durch das Zusammensein mit dem falschen Partner oder durch unhaltbare Zustände in der Familie oder bei der Arbeit. Wenn zwischenmenschliche Beziehungen nicht stimmen, dann kann das weite Kreise ziehen. Kommt der Vater nicht mit der Tochter aus, dann stehen beide unter Stress, aber auch die Mutter und andere Geschwister werden unter den Spannungen leiden. So kann es dann sein, dass die Mutter oder eines der Geschwister ein seelisches Problem entwickelt, nur weil sie im Wirkungsbereich der Familienkrise leben. – Die Ursachen mancher Stresssituationen liegen viele Jahre zurück, manchmal sogar in der Kindheit.

Seelische Probleme können natürlich auch auf ein traumatisches Erlebnis zurückgehen. Wer einmal einen schlechten Flug erlebt hat, kann eine Phobie vor dem Fliegen entwickeln.

# Alpträume

Oft ist es ein traumatisches Erlebnis, das bei Erwachsenen Alpträume auslöst. Bei Kindern sind Angstträume eher im Zusammenhang mit dem Größerwerden und dem Zurechtkommen in der Welt zu sehen.

## Affirmationen ■

Ich schlafe ruhig und fest die Nacht durch und wache morgens erfrischt wieder auf.
Meine Träume verändern sich jede Nacht ein bisschen mehr ins Positive.
Ich beeinflusse jetzt meine Träume und verwandle sie in Erfolgsgeschichten.

## Positiv-Skript ●

Ich gebe meinem Unterbewusstsein jetzt den Auftrag, meine Träume ins Positive zu verwandeln. Ich kann im Schlaf innerlich »Fernseh gucken« und ich programmiere jetzt ein, welchen Film ich sehen möchte. Was vorher beängstigend war, findet nun eine positive Lösung. Was vorher eine Katastrophe war, wird nun zu einer fantastischen Rettungsszene. Was vorher ein Angreifer war, wird nun zum harmlosen Zwerg, der auf meine Gnade angewiesen ist. Ich gebe hiermit meinem Unterbewusstsein die Anweisung, all diese Änderungen durchzuführen, sodass ich heute Nacht ruhig und gut schlafen kann. Ich übernehme ab sofort die Führung in meinen Träumen und meine Anweisungen werden prompt und zuverlässig von meinem Unterbewusstsein ausgeführt. Es macht mir richtiggehend Spaß, die ehemaligen Alpträume zu Erfolgsgeschichten umzumodeln! Ich freue mich aufs Schlafengehen.

## Visualisierung ◆

Unterstützen Sie Ihr Unterbewusstsein, indem Sie sich den erfolgreichen Ausgang Ihres ehemaligen Alptraums schon vor dem Schlafengehen bildlich vorstellen. Sie dürfen sich dafür ruhig magische Kräfte zusprechen.

# Tipps

Bei Kindern hilft es sehr gut, wenn Sie einen Fernsehhelden oder Popstar zum seelischen »Helfer« bestellen. Bitten Sie Ihr Kind, die Augen zu schließen und den Helden in Gedanken zu fragen, ob er dem Kind im Traum zur Seite stehen will. Fordern Sie dann Ihr Kind auf, Ihnen zu erzählen, wie der Alptraum verlaufen würde, wenn der Helfer plötzlich erscheinen würde. Lassen Sie sich alles genaustens beschreiben. Erinnern Sie dann Ihr Kind vor dem Schlafengehen daran, den Helfer noch mal an sein Versprechen zu erinnern.

Wenn Ihre Alpträume auf ein traumatisches Erlebnis aus der Wirklichkeit zurückgehen, etwa auf einen Unfall, Überfall oder Ähnliches, dann denken Sie tagsüber immer wieder bewusst an den Vorfall. Gehen Sie das Geschehene im Kopf ganz genau durch. Das ist zwar hart, aber immer noch besser, als unvorbereitet von einer plötzlichen Erinnerung an das Ereignis überfallen zu werden. Das verhindert nicht unbedingt die nächtlichen Alpträume, verkürzt aber die Zeit, in der Sie noch unter den Alpträumen leiden müssen. Je weniger Sie tagsüber verdrängen, desto schneller hören die Alpträume auf.

Wenn es Ihrer Meinung nach kein Erlebnis gibt, was Ihren Alpträumen zu Grunde liegt, dann prüfen Sie einmal, ob Sie zu spät abends zu viel essen. Wenn der Körper sich nachts mit schweren Speisen herumschlagen muss, die nicht verdaut werden können, sondern nur wie ein Stein im Magen liegen, dann kann sich das als schlechter Traum äußern.

Wenn Ihre Alpträume nicht auf ein traumatisches Erlebnis zurückgehen, dann überlegen Sie einmal, welche Botschaft Ihnen der Traum gibt. Müssen Sie vielleicht etwas in Ihrem Leben ändern? Achten Sie darauf, was genau das negative Gefühl des Traumes ist. Oft hat ein Traum symbolische Aussagekraft, etwa wie ein Märchen, in dem die Botschaft indirekt ausgedrückt ist.

# Angst

Überarbeitung, Krankheit, Probleme bei der Arbeit oder in der Familie können zu Angst führen. Wer ständig an Angst leidet, sollte zum Therapeuten gehen, aber man kann auch vieles tun, um sich selbst zu helfen.

## Affirmationen ■

Ich kann lernen, ruhig und gelassen zu bleiben, auch wenn es hoch hergeht.
Allmählich finde ich meine natürliche innere Ruhe wieder und entspanne mich.
Alle meine inneren Stärken treten immer stärker hervor und ermöglichen mir innere Ruhe und Gelassenheit.

## Positiv-Skript ●

Ich beginne jetzt ganz langsam damit, mein inneres Gleichgewicht wiederzufinden. Ich kann lernen, ruhig und gelassen zu reagieren, egal, welche Gedanken mir durch den Kopf gehen. Alles beruhigt sich innerlich, ich werde immer entspannter und ruhiger. Dinge, die mich früher geängstigt haben, verlieren allmählich ihre Macht über mich. In aller Ruhe beginne ich meinen Tag. Ich lerne allmählich, meine übertriebenen Angstgedanken loszulassen und in Frieden zu entlassen. Ich darf mich, wie alle anderen, auf den neuen Tag freuen und ihm mit Zuversicht entgegensehen. Alles löst sich in Wohlgefallen auf, auch meine Angst. Ich atme ruhig und gleichmäßig und genieße es, langsam ruhiger zu werden. Mein natürlicher Atemrhythmus lässt innere Harmonie und Gelassenheit entstehen. Mein Körper und meine Gedanken beruhigen sich immer mehr, sodass allmählich positive Gedanken die Oberhand gewinnen. Ich freue mich, dass es langsam wieder aufwärts geht.

## Visualisierung ◆

Stellen Sie sich vor, wie Sie die Gedanken in Ihrem Kopf langsam auf positiv umschalten, indem Sie die negativen Angstgedanken gebündelt entfernen und durch positive ersetzen.

# Tipps

Ständige Angst gehört in die Hand eines Therapeuten!

Wer Angst hat, hält oft den Atem an. Dadurch wird verhindert, dass genug Sauerstoff ins Gehirn gelangt, wodurch wiederum schnell ein Ohnmachtsgefühl entstehen kann. Wenn Sie also merken, wie Sie Angst bekommen, dann atmen Sie ganz bewusst ein und aus. Achten Sie dabei besonders darauf, alle Luft aus sich auszuatmen. Ziehen Sie dazu ruhig den Bauch fest ein.

Kontrollieren Sie tagsüber immer wieder, ob Sie sich körperlich verkrampft haben – Anzeichen dafür sind zum Beispiel Muskelschmerzen. Lockern Sie zwischendurch ganz gezielt alle Gliedmaßen, indem Sie sie kurz anspannen und dann wieder entspannen.

Wenn Sie an Panikattacken leiden, dann tragen Sie eine Papiertüte (kein Plastik!) bei sich, und wenn Sie das Gefühl haben, die Kontrolle zu verlieren, dann atmen Sie ein paar Mal tief in die Tüte ein und aus.

Kontrollieren Sie, was in Ihrem Kopf vor sich geht! Wir können uns nämlich buchstäblich selbst »verrückt« machen, indem wir unseren negativen Gedanken freien Lauf lassen. Wenn Sie sich bei einem Katastrophengedanken erwischen, dann schneiden Sie ihn sofort ab. Sagen Sie in Gedanken zu sich selbst so etwas wie »Jetzt hör endlich mit diesem Blödsinn auf!«, und zwar in einem möglichst barschen Ton. Dann lenken Sie sich am besten mit einigen Haus- oder Büroarbeiten ab.

Nehmen Sie sich jeden Tag fünfzehn Minuten lang Zeit, sich gezielt zu entspannen. Das kann entweder Yoga, Meditation oder positives Visualisieren sein. Durch Entspannungsübungen senken Sie Ihr Stressniveau. Das wiederum verhilft Ihnen zu besserem Schlaf – was dann seinerseits wieder den allgemeinen Angstpegel senkt.

# Depressionen

Wer an Depressionen leidet, ist lustlos, hat keinen Antrieb mehr, kann nicht mehr lachen und möchte sich am liebsten vor der Welt verstecken. Er hat das Gefühl, die Kontrolle über sein Leben verloren zu haben – alles ist sinnlos. Die beherrschenden Symptome sind Angst und Wut.

## Affirmationen ■

Ich lerne allmählich, mich dem Leben um mich herum wieder anzuschließen.
Mit jedem neuen Tag arbeite ich mich langsam und stetig in das Leben vor.
Ich bin wichtig.

## Positiv-Skript ●

Ganz langsam beginne ich aus mir herauszuschauen und die Welt um mich mit neuen Augen wahrzunehmen. Ich beginne zu verstehen, dass es an mir liegt, meinem Leben einen Sinn zu geben. Ich fange allmählich damit an, etwas für mich zu tun, weil ich es wert bin. Ich setze mich bequem hin, weil ich es wert bin. Ich mache mir etwas Warmes zu trinken, weil ich es wert bin. Ich bin genauso wertvoll wie alle anderen, egal, wer mir einmal das Gegenteil *gesagt* hat. Ich bin genauso wertvoll wie alle anderen, egal, wer mir einmal das Gegenteil *gezeigt* hat. Mein Leben ändert sich jetzt langsam und wendet sich zum Besseren. Ich darf Fehler machen und mich trotzdem mit Würde bewegen. Ab jetzt behandle ich mich selbst besser, denn ich bin ein wertvoller Mensch, genau wie alle anderen. Ich bin ein Mensch und behandle mich selbst menschlich. Ich bin wichtig und meine seelische Gesundung ist von Bedeutung.

## Visualisierung ◆

Stellen Sie sich immer nur ganz kleine Fortschritte bildlich vor, am besten etwas Praktisches, das Sie machen. Suchen Sie auch nach Erinnerungen aus Zeiten, in denen es Ihnen besser ging.

# Tipps

Klinische Depressionen gehören *immer* in die Hände eines guten Arztes und/oder Psychotherapeuten. Benutzen Sie dieses Buch als unterstützende Maßnahme, aber niemals als einziges Hilfsmittel.

Achten Sie auf Ihre Gedanken. Wenn Sie sich bei ärgerlichen Selbstbezichtigungen erwischen, schwächen Sie sie zu toleranteren Varianten ab. Beispiel: »Ich bin zu nichts nutze« wird zu »Mir geht es im Moment nicht gut, aber ich versuche trotzdem, jetzt eine Kleinigkeit für mich selbst zu tun«.

Gehen Sie einmal am Tag für mindestens eine Viertelstunde aus dem Haus, auch falls es nicht nötig ist. Wenn Sie sich etwas bewegen, und sei es nur langsam, können Sie damit einen positiven Einfluss auf Ihre Gemütslage nehmen. Wenn eine Viertelstunde zu lang ist, dann fangen Sie eben mit fünf Minuten an, und wenn das zu lang ist, dann eben mit nur zwei Minuten. Schauen Sie auf die Uhr! Steigern Sie die Dauer Ihres Spaziergangs nur sehr langsam.

Versuchen Sie immer wieder, ein bisschen mit anderen Menschen zu sprechen, am besten über Nichtigkeiten, sodass Sie das Gespräch keine allzu große Anstrengung kostet.

Unterstützen Sie Ihren seelischen Gesundungsprozess auch auf der körperlichen Ebene. Wenn die Seele krank ist, verbraucht der Körper eine Menge Energie, und ein Mangel an Energie kann seelische Symptome verschlimmern. Lassen Sie sich von einem Homöopathen oder Heilpraktiker beraten.

Wenn es Ihnen nach einem halben Jahr noch immer nicht besser geht, lassen Sie sich zu einem Psychotherapeuten oder Psychiater überweisen, damit die Ursachen behoben werden können.

# Empfindlichkeit

Wer sich immer alles zu Herzen nimmt, was andere Leute von sich geben, der kann sich selbst das Leben schwer machen. Meist ist eine große Empfindlichkeit ein Zeichen von mangelndem Selbstwertgefühl.

## Affirmationen ■

Ich werde allmächlich stärker und lasse Negatives von mir abprallen. Mit jedem Tag festigt sich mein Selbstwertgefühl und gibt mir innere Stärke.
Ich darf ruhig nachfragen, wenn ich nicht sicher bin, ob sich eine Bemerkung auf mich bezieht.

## Positiv-Skript ●

Ich kann spüren, wie sich meine inneren Kräfte festigen und stärken. Ich werde allmählich robuster und widerstandsfähiger. Was mir früher viel ausgemacht hat, lässt mich immer mehr kalt. Ich beziehe immer weniger Bemerkungen direkt auf mich. Ich fühle mich ganz allgemein selbstsicherer und traue mich jederzeit nachzufragen, wenn mir etwas Gesagtes nicht völlig klar ist. Ich bin wichtig und mein seelisches Gleichgewicht ist von Bedeutung. Ich verschwende keine Zeit mehr mit Grübeln über vergangene Gespräche und deren Bedeutung. Das einzige, was für mich zählt, ist das Hier und Jetzt. Mit jedem Tag werde ich ruhiger und sehe die Dinge nüchtern und sachlich. Es tut mir gut, meine neue innere Stärke und Widerstandsfähigkeit zu spüren. Ich fühle, wie ich jetzt mehr Energie für wirklich Wichtiges zur Verfügung habe. Dinge, über die ich mich früher stundenlang aufregen konnte, sind mir jetzt völlig gleichgültig. Ich bin zu Großem unterwegs, ich kann mich nicht von Kleinigkeiten aufhalten lassen.

## Visualisierung ◆

Stellen Sie sich vor, wie Sie von einer unsichtbaren äußeren Hülle umgeben sind, die alles Negative von Ihnen abprallen lässt.

# Tipps

Zwingen Sie sich dazu, *jedes Mal* nachzufragen, wenn Sie das Gefühl haben, jemand wolle Ihnen durch die Blume etwas Unangenehmes über Sie selbst sagen. Benutzen Sie dabei folgende Formulierungen: »Entschuldigung, aber wie meinen Sie das genau?« oder »Wollen Sie damit sagen, dass ich lieber ... tun soll?« Oft gaukelt Ihnen Ihre Unsicherheit etwas Falsches vor, und das können Sie durch Ihre direkte Frage sofort klarstellen. Das ist hundert Mal besser, als nächtelang wach zu liegen und hin und her zu überlegen, was der andere wohl mit einer Bemerkung gemeint haben könnte.

Seien Sie höflich und so sachlich wie möglich, wenn Sie Ihre Frage stellen. Wenn man tatsächlich versucht hat, Ihnen einen indirekten Vorwurf zu machen, dann können Sie das Ganze besser klären, wenn Sie ruhig bleiben. Stellt sich dagegen heraus, dass Sie nur zu empfindlich reagiert haben, dann haben Sie sich gut benommen, und keiner wird Ihnen Ihre Frage übel nehmen.

Wenn Ihnen Ihr Gegenüber Ihre Frage beantwortet hat, *dann glauben Sie Ihrem Gegenüber.* Wenn jemand Ihnen also sagt, dass er/sie Sie keineswegs kritisieren wollte, dann glauben Sie das bitte einfach einmal. Wenn Ihnen danach wieder Zweifel kommen, dann unterbrechen Sie die Zweifel mit dem Gedanken: »Ruhe mit dem inneren Geschwafel!« und lenken Sie sich mit anderem ab.

Machen Sie sich ein Bild von den Leuten, mit denen Sie täglichen Umgang haben. Überlegen Sie, wie Sie sich in Gegenwart jeder einzelnen Person fühlen. Überlegen Sie auch, wie sich jede einzelne dieser Personen Ihnen gegenüber in letzter Zeit verhalten hat. War die Person verständnisvoll, hilfsbereit, freundlich? Wer generell freundlich und hilfsbereit ist, hat sich Ihr Vertrauen verdient und sollte nicht durch Ihren Argwohn beleidigt werden, selbst wenn Sie ihn nicht offen aussprechen.

# Erröten

Dieses Problem kann sehr hartnäckig sein. Hat es einmal angefangen, wartet der Leidtragende oft voller Angst darauf, dass es wieder passiert.

## Affirmationen

Egal, was passiert, ich behalte einen kühlen Kopf.
Es fällt mir immer leichter, mit Gleichmut auf schwierige Situationen zu reagieren.
Das Rotwerden wird mir langweilig und darum lasse ich es allmählich.

## Positiv-Skript

Langsam fange ich an, auf gewisse Situationen und Menschen anders zu reagieren. Obwohl ich nicht genau weiß, warum, scheine ich mich besser zu entspannen und gelassener zu reagieren. Ich merke auch, wie ich allmählich immer größere Schwierigkeiten habe, rot zu werden. Irgendwie klappt es einfach nicht mehr so gut wie früher. Das ist etwas ärgerlich, weil ich mich seelisch so auf diese Reaktion eingestellt habe, aber egal, wie sehr ich vorher daran denke, wenn es darauf ankommt, versage ich kläglich. Ich merke zwar, dass mir die Wärme vom Bauch bis in die Schultern steigt, wenn ich mit einer unangenehmen Situation konfrontiert werde, aber dann hört die Wärme auf einmal auf. Mein Kopf bleibt kühl und ich schaffe es einfach nicht mehr, rot zu werden. Mein Unterbewusstsein hat anscheinend vergessen, wie es geht. Ich vergesse auch immer öfter, mich gedanklich mit dem Rotwerden zu beschäftigen. Es ist einfach unglaublich! Ich muss mich wohl langsam mit meinem »Versagen« abfinden und mich an meinen kühlen Kopf gewöhnen. Ich versuche es mit Fassung zu tragen ...

## Visualisierung

Erinnern Sie sich an alte Situationen, in denen Sie rot wurden und stellen Sie sich vor, wie Sie in der gleichen Situation kläglich versagen und nicht rot werden können. Was für eine Niederlage!

# Tipps

Mit dem Rotwerden ist es wie mit einem Schluckauf: Er fängt manchmal aus unerfindlichen Gründen an und geht dann von alleine weiter, ohne dass man ihn abstellen kann. Beim Rotwerden ist es meistens so, dass man in einer bestimmten Situation oder gegenüber einer bestimmten Person plötzlich merkt, wie einem das Blut in den Kopf steigt. Das kann passieren, weil man das Gefühl hat, etwas Blamables getan oder gesagt zu haben, oder weil man in einer Situation einen peinlichen Gedanken hatte. Besonders, wenn der Gesprächspartner dann auch noch laut auf das Rotwerden hinweist, kann das Problem zum Teufelskreis werden. Man hat Angst, dass es noch einmal passiert, verkrampft sich, denkt immerzu an das letzte Erröten – und prompt passiert es wieder.

Aus diesem Grunde ist es ganz wichtig, *nicht* zu versuchen, nicht zu erröten. Arbeiten Sie stattdessen mit der gegenteiligen Methode. Schreiben Sie sich folgenden Zettel und lesen Sie ihn mehrmals täglich durch: »Heute ist mein großer Auftritt! Ich bin fest entschlossen, *rot wie eine Tomate* zu werden. Keine halben Sachen mehr! Ich bin fest entschlossen, es heute allen mal zu zeigen. Alle werden sich wundern, wie rot ich werden kann, und morgen steht es in allen Zeitungen!« – Wenn Sie versuchen, das Rotwerden zu erzwingen, wird es Ihnen immer seltener gelingen.

Verwechseln Sie das Peinlichkeits-Rotwerden nicht mit anderen Situationen, in denen man aus ganz natürlichen Gründen rot wird. Wenn Sie schnell gehen, Treppen steigen oder Sport treiben, werden Sie selbstverständlich durch den erhöhten Bluckdruck rot im Gesicht.

Oft hilft es auch, den Teufelskreis der Angst vor dem Rotwerden zu unterbrechen, indem man ganz offen darüber spricht: »In letzter Zeit werde ich oft rot – das geht mir ganz schön auf die Nerven!«

# Essstörungen (Übergewicht)

Übergewicht belastet nicht nur Herz und Gelenke, sondern wird auch als unschön empfunden. Abgesehen vom Schönheitsaspekt ist es zudem oft ein Anzeichen für ein seelisches Problem, welches dem Übergewichtigen nicht erlaubt, maßvoll zu essen.

## Affirmationen ■

Ich genieße es, gesundes Essen in Ruhe zu mir zu nehmen.
Ich kann auch mit kleineren Portionen restlos satt werden.
Ich kann meine überflüssigen Pfunde mit Leichtigkeit loslassen.

## Positiv-Skript ●

Mit jedem Tag wird mein Appetit geringer. Ich fühle mich jetzt viel schneller satt als früher. Ich bin ruhig und entspannt und das Abnehmen ist ein Kinderspiel. Ich sehe mich im Geiste schon jetzt rank und schlank und mit jedem Tag stellt sich mein Körper immer besser aufs Abnehmen ein. Langsam, aber sicher lasse ich meine überflüssigen Pfunde los und es geht ganz einfach. Mit jedem Tag fühle ich mich leichter und freier. Ich fange an, langsamer zu essen und mich völlig auf das Essen zu konzentrieren. Ich genieße mein Essen weit mehr als früher. Gleichzeitig fühle ich mich auch viel schneller gesättigt, sodass mir schon eine kleine Portion völlig genügt. Es ist fast so, als wäre mein Magen geschrumpft, sodass er jetzt schon mit kleinen Portionen ganz und gar gefüllt ist. Und dieses angenehme Völlegefühl erlaubt es mir, mit dem Essen aufzuhören, auch wenn ich nur eine kleine Portion zu mir genommen habe. Gleichzeitig genieße ich mein Essen jetzt mehr, denn ich kaue bewusster, sodass sich das volle Aroma des Essens im Mund entfalten kann. Ich fühle mich angenehm gesättigt und kann sogar etwas auf dem Teller liegen lassen. Ich fühle mich ruhig, zufrieden und völlig gesättigt.

## Visualisierung ◆

Sehen Sie sich im Geiste, wie Sie vor einem großen Spiegel stehen und sich in einem Kleidungsstück betrachten, das eine oder zwei Nummern kleiner ist und hervorragend sitzt.

# Tipps

Schreiben Sie einmal eine Woche lang auf, was Sie alles essen. Dabei zählt jede auch noch so kleine Zwischenmahlzeit wie etwa ein paar Kekse oder Chips. Seien Sie kleinlich und notieren Sie wirklich alles. Sie werden sich wundern, wie viel mehr Sie essen, als Sie meinen.

Essen Sie niemals, während Sie etwas anderes dabei tun. Das heißt, *nicht* fernsehen, telefonieren, aufräumen oder lesen während des Essens. Wer isst und gleichzeitig etwas anderes tut, isst mehr als jemand, der wirklich bewusst isst.

Essen Sie nicht über der Spüle, im Stehen oder während Sie herumlaufen. Setzen Sie sich zum Essen immer an den Tisch, auch wenn Sie nur einen Riegel Schokolade essen. Auf diese Weise werden Sie sich bewusst, dass Sie essen, und Sie haben eine bessere Kontrolle über die Mengen, die Sie essen.

Verschwenden Sie Ihre Zeit nicht mit Diäten. Diäten führen nur dazu, dass Sie dauernd ans Essen denken, und gerade von dieser Besessenheit wollen Sie ja loskommen. Sie können essen, was Sie wollen, *aber nur, wenn Sie Hunger haben*, und nicht, weil Ihnen gerade danach ist.

Essen Sie niemals aus der Packung. Legen Sie Essen immer auf einen Teller, selbst wenn es nur ein Keks ist.

Räumen Sie in der Küche grundsätzlich alles Essen weg. Man greift nur allzu leicht nach etwas, nur weil es sichtbar herumliegt. Kalorienbomben räumen Sie am besten in die obersten, hintersten Küchenschränke.

Versuchen Sie, im Supermarkt gar nicht erst solche Sachen in den Einkaufswagen zu legen, die erfahrungsgemäß dick machen. Was nicht im Haus ist, können Sie auch nicht essen!

# Essstörungen (Untergewicht)

Sofern keine körperlichen Störungen vorliegen, ist Untergewicht oft eine Nervensache. Wer nervös und angespannt ist und außerdem eine Veranlagung zu niedrigem Gewicht hat, wird es schwer finden, ein paar Pfund zuzulegen.

## Affirmationen ■

In aller Ruhe kann ich meinem Körper leckeres Essen zuführen und ganz allmählich zunehmen.
Mit Ruhe und Gelassenheit setze ich langsam Gewicht an den richtigen Stellen an.
Mit jedem Tag werde ich ruhiger. Unangenehmes im Alltagsleben gleitet an mir ab und ich nehme allmählich zu.

## Positiv-Skript ●

Ganz allmählich bemerke ich positive Veränderungen in meinen Reaktionen auf meine Umwelt. Was mich früher genervt hat, gleitet jetzt sofort an mir ab. Es ist, als hätte ich eine unsichtbare Schutzschicht um mich herum, von der alles Negative abgleitet. Ich bleibe ruhig und gelassen, was auch immer geschieht. Allmählich interessiere ich mich auch mehr fürs Essen. Ich entdecke neue Dinge, die mir immer besser schmecken. Langsam bin ich in der Lage, etwas größere Portionen zu essen. Ich merke, wie sich mein Magen etwas weitet und größere Mengen akzeptiert. Das Essen schmeckt mir hervorragend und bekommt mir ausgezeichnet. Langsam, aber sicher setzt das Essen auch an. Ich freue mich riesig, dass ich an den richtigen Stellen rundlicher geworden bin. Ich bin ruhig und gelassen und diese Ruhe behalte ich auch beim Essen bei. Ich lasse mir Zeit beim Essen, ich atme ruhig und esse genau so viel, wie mir angenehm ist.

## Visualisierung ◆

Stellen Sie sich im Geiste vor, wie Sie vor einem Riesenteller mit Essen sitzen und alles vergnügt verspeisen. Stellen Sie sich dann in Gedanken vor einen Spiegel und sehen Sie sich mit kräftigerer Figur.

# Tipps

Benutzen Sie neben den Affirmationen und dem Positiv-Skript auf der gegenüberliegenden Seite auf jeden Fall auch das Entspannungs-Skript (siehe S. 96). Für Sie ist es ganz wichtig, dass Sie etwas ruhiger werden, denn nur dann kann das Essen auch ansetzen.

Wenn Sie außer dem Untergewicht auch Probleme wie Angst, Depressionen oder Phobien haben, dann wenden Sie sich an Ihren Hausarzt, um sich eventuell zu einem Psychologen überweisen zu lassen.

Zwingen Sie sich nicht, Nahrungsmittel nur deshalb zu essen, weil sie viele Kalorien haben. Nur weil etwas fett ist, setzt es noch lange nicht bei Ihnen an. Erweitern Sie stattdessen lieber die Palette der Nahrungsmittel, die Sie zu sich nehmen. Stürzen Sie sich nicht auf die zwei oder drei Sachen, die Sie seit eh und je essen, sondern suchen Sie sich immer wieder einmal das eine oder andere neue Nahrungsmittel, das Ihnen schmeckt.

Wenn Sie keine größeren Portionen essen können, dann legen Sie eben des öfteren kleine Zwischenmahlzeiten ein. Zwingen Sie sich nie, mehr zu essen, als Ihnen angenehm ist. Zwang schafft Stress und Stress verhindert, dass das Essen ansetzt.

Wiegen Sie sich immer zur gleichen Tageszeit, am besten morgens, nachdem Sie auf der Toilette waren. Wiegen Sie sich nicht zu oft. Ein- bis zweimal in der Woche reicht.

Wenn es Dinge oder Schwierigkeiten in Ihrem Leben gibt, die Ihnen den Appetit verderben, dann räumen Sie diese, wenn irgend möglich, aus dem Weg. Holen Sie sich notfalls Hilfe von Freunden oder Ihrer Familie. Wer wenig Stress hat, nimmt sehr viel schneller zu.

Denken Sie daran: Jedes Gramm, das Sie zulegen, zählt!

# Flugangst

Diese Angst kann sehr einschränkend sein, nicht nur im Privatleben, sondern auch für die Karriere. So manch einer kann sich nur unter der Wirkung größerer Mengen Alkohols in ein Flugzeug begeben.

## Affirmationen ■

Ich darf mich ruhig und sicher fühlen, im Auto, im Zug und im Flugzeug.
Ich kann lernen, mich allmählich an das Fliegen zu gewöhnen und es in aller Ruhe zu genießen.
Ich habe ein Recht darauf, längere und kürzere Flüge in Ruhe zu genießen.

## Positiv-Skript ●

Ich bin ruhig und gelassen und kann Neues lernen. Wie so vieles kann man sich auch Angst abgewöhnen. Der Flughafen an sich ist auch ganz in Ordnung und ich kann mich ruhig und frei in ihm bewegen, denn hier gibt es vieles zu sehen. Diese einfache Aufgabe fällt mir leicht. Auch auf einen Stuhl kann ich mich ganz einfach setzen und mich dabei wohl fühlen, im Flughafen oder zu Hause. Dabei ist es mir egal, ob der Stuhl zu Hause steht oder bei Nachbarn, ob der Stuhl als Sitz im Auto ist oder im Zug oder im Flugzeug, das ist alles eins. Sobald ich mich auf einen Stuhl setze, kann ich mich leicht und schnell entspannen. Wenn ich mich anschnalle, kann ich mich besonders wohl fühlen, da mir der Sicherheitsgurt ein gutes Gefühl gibt. Ich fühle mich sicher und geborgen, sobald ich auf meinem Stuhl im Flugzeug sitze. Der Sicherheitsgurt gibt mir ein Gefühl der Zuversicht und der Freude. Die Zeit vergeht wie im Flug und bevor ich es mich versehe, bin ich schon angekommen.

## Visualisierung ◆

Stellen Sie sich vor, wie Sie auf Ihrem Küchen- oder Wohnzimmerstuhl ins Flugzeug schweben und wie das Flugzeug mit Ihnen abhebt. Dabei schweben Sie im Flugzeug auf Ihrem Stuhl.

# Tipps

Wenn es Ihnen schwer fällt, sich vorzustellen, wie Sie selbst auf einem Stuhl ins Flugzeug schweben, dann stellen Sie sich vor, Sie sähen jemand anderem dabei zu, wie er/sie genau das tut. Wenn Sie jemand anderem ruhig dabei zusehen können, dann versetzen Sie sich in diese Person hinein und probieren Sie es selbst aus.

Lassen Sie sich einen Gangplatz geben, solange Sie Ihre Angst noch nicht ganz überwunden haben. Machen Sie auch die Stewardess darauf aufmerksam, dass Sie nervös sind. Wenn man es erst einmal offiziell zugegeben hat, dann kann man sich ein bisschen besser entspannen, da man jemand anderen auf seiner Seite hat. Die meisten Menschen, die an Flugangst leiden, befürchten nämlich, sich vor anderen unsterblich zu blamieren, falls sie vor Angst ausrasten.

Nehmen Sie sich das Entspannungs-Skript (siehe S. 96) sowie das Positiv-Skript für Flugangst auf Kassette auf und fangen Sie mindestens zwei Wochen vor dem Flug an, das Band regelmäßig (einmal am Tag) anzuhören. Nehmen Sie Ihren Walkman mit ins Flugzeug und lassen Sie die Kassette immer wieder laufen. Wenn Sie dabei einschlafen, umso besser!

Manche Fluggesellschaften bieten Kurse an für Menschen, die an Flugangst leiden. Dabei wird oft erst einmal in der Therorie erklärt, wie das Flugzeug funkioniert und was bei Abflug und Landung vor sich geht. Auf diese Weise können viele falsche Vorstellungen ausgeräumt werden. Danach geht es für alle Freiwilligen mit einem kurzen Flug weiter, bei dem die Teilnehmer aufgefordert werden, sich im Flugzeug völlig frei zu bewegen und aus dem Fenster zu schauen. Für die meisten Teilnehmer reicht dieser kurze Kurs, um ihre Flugangst zu überwinden.

Sagen Sie sich während des Fliegens: »Fliegen ist laut und langweilig. Gleich schlafe ich ein.«

# Gereiztheit

Oft ein Zeichen von Stress oder Erschöpfung, aber auch eine Begleiterscheinung von prämenstruellen Spannungen bei Frauen. Ständige Gereiztheit kann auch ein Zeichen von Angst oder Depression sein.

## Affirmationen ■

Ich darf meinen Tag in Ruhe angehen und eines nach dem anderen mit Besonnenheit erledigen.
Ich bin die Gelassenheit in Person, nichts wirft mich aus der Bahn.
Ich brauche nur einmal tief einzuatmen und Gelassenheit durchströmt meinen Körper und Geist.

## Positiv-Skript ●

Ich gewinne allmählich Abstand von Alltagsproblemen. Ich merke, wie ich es immer besser schaffe, einen kühlen Kopf zu behalten, egal, was passiert. Ich werde immer ruhiger, ein Fels in der Brandung. Egal, was um mich herum passiert, ich bleibe ruhig und gelassen. Es ist, als würde alles Negative und Unangenehme von mir abprallen, sodass ich in aller Ruhe nach einer Lösung suchen kann. Ich bleibe ruhig, egal, was kommt. Meine innere Ruhe und Ausgeglichenheit gibt mir ein gutes Gefühl und stärkt mein wachsendes Selbstvertrauen mit jedem Tag mehr. Ich freue mich, dass jetzt alles so viel besser klappt als zuvor. Meine Ruhe ist unerschütterlich und ich kann nur staunen, was für Fortschritte ich mache. Ich gewöhne es mir an, ruhig und gelassen zu reagieren, und irgendwie kann ich gar nicht mehr verstehen, warum mich gewisse Dinge früher so aufgeregt haben. Warme Ruhe und Zuversicht durchströmen meinen Körper und Geist und ein langer, tiefer Atemzug genügt schon, um mich wieder auf den Boden zurückzubringen, wenn es einmal hoch hergeht. Langsam aber sicher gewinne ich eine gelassenere Einstellung.

## Visualisierung ◆

Stellen Sie sich vor, Ihr ganzer Körper wäre von einer balsamartigen Schicht überzogen, die Negativität abweist.

# Tipps

Bringen Sie Ihr Leben in Ordnung. Führen Sie längst überfällige Gespräche mit Menschen, die Ihnen aus irgendeinem Grunde auf die Nerven gehen. Tragen Sie Groll nicht tage- oder wochenlang (oder womöglich jahrelang!) mit sich herum, sondern bereinigen Sie, was sich bereinigen lässt, und trennen Sie sich von Menschen, mit denen kein Kompromiss zu erreichen ist.

Hören Sie auf, kopflos wie ein Huhn herumzurennen. Gehen Sie bewusst langsam und bewegen Sie sich auch sonst bedächtiger, egal, wie viel zu tun ist. Bevor Sie mit der Arbeit anfangen, setzen Sie sich erst einmal und tun Sie fünf Minuten lang gar nichts. Überlegen Sie sich dabei in aller Ruhe, was Sie heute tun müssen.

Achten Sie einmal auf Ihre inneren Warnzeichen. Woran merken Sie, dass Sie gleich ungehalten reagieren werden? Bevor Sie jemanden unfreundlich anfahren, holen Sie erst einmal tief Luft und sagen Sie einen Moment lang gar nichts. Durch diese kleine Pause verliert sich oft die Schärfe in Ihrer Stimme, wenn Sie dann etwas sagen. Bei besonders gereizter Stimmung hilft es manchmal nur noch, den Raum für zehn Minuten zu verlassen, aber das ist immer noch besser, als die Fassung zu verlieren.

Wenn Ihre gereizte Stimmung durch übergroße Arbeitsbelastung hervorgerufen wird, dann ordnen Sie erst einmal Ihr Tagespensum, bevor Sie sich in die Arbeit stürzen. Das kostet zwar zunächst etwas Zeit, rentiert sich aber auf lange Sicht.

Erwarten Sie nicht, dass andere Leute Ihre Gedanken lesen können. Wenn Sie Hilfe brauchen, dann *sagen Sie das*. Seien Sie nicht pampig, nur weil andere nicht automatisch erraten, was Sie brauchen.

Wenn Ihre Gereiztheit in den Tagen vor Ihrer Periode auftritt, vermeiden Sie Süßes (siehe auch S. 89).

# Harmoniesucht

Natürlich ist das Leben angenehmer, wenn es ohne Auseinandersetzungen abgehen kann. Wer aber um jeden Preis Frieden hält, egal, wie unmöglich sich jemand anders benimmt, der leidet an mangelndem Selbstvertrauen.

## Affirmationen ■

Ich habe ein Recht darauf, meine Meinung zu sagen.
Jetzt ist Schluss! Ich darf ruhig Nein sagen.
Mein Selbstrespekt gebietet mir, endlich etwas von mir zu geben.

## Positiv-Skript ●

Meine innere Ruhe wird immer wieder gestört. Es ist in Ordnung, dass ich erst einmal abgewartet habe. Jetzt wird es aber Zeit, dass ich der Sache Einhalt gebiete. Ich kann das ruhig und sachlich tun. Ich bestehe darauf, gehört zu werden, und ich tue das auf ruhige Art. Es ist völlig in Ordnung, wenn ich mir auch einmal Gehör verschaffe, bevor wieder alles gegen meinen Willen läuft. Ich habe die gleichen Rechte wie alle anderen und darf darum ruhig kundtun, wie ich mich fühle und was ich von dem Gesagten halte. Ich höre jetzt damit auf, kostbare Zeit zu verschwenden, und fange an, mein Leben und meine Umstände so zu gestalten, dass letztendlich Friede und Freude in meinem Leben entstehen können. Dazu muss eben erst einmal die Harmonie geopfert werden. An falscher Harmonie liegt mir nichts. Wenn ich mich unwohl fühle, dann kann ich damit nicht zufrieden sein. Ich bringe anderen Verständnis entgegen und verlange das Gleiche von anderen. Ich habe ein Recht darauf, Ansprüche zu stellen. Ich habe ein Recht darauf, meine Meinung zu sagen. Nichts und niemand kann mich von jetzt an davon abhalten.

## Visualisierung ◆

Sehen Sie sich im Geiste, wie Sie in aller Ruhe einer schwierigen Person widersprechen und dabei am Ball bleiben, egal, ob die andere Person mit Schreien oder Weinen auf Ihren Widerspruch reagiert.

# Tipps

Seien Sie sich darüber klar, dass noch lange keine Harmonie deswegen herrscht, weil Sie nichts sagen. Wer nicht widerspricht, ist deswegen noch lange nicht beliebter und hat auch keineswegs den inneren Frieden für sich errungen. Wenn Unwillen immer wieder geschluckt wird, statt ihn auszudrücken, dann verselbstständigt er sich in unserem Körper. Als Folgeerscheinung kann es zu Krankheiten oder seelischen Störungen kommen, denn der innere Druck, der durch das Dulden einer unzumutbaren Situation ausgelöst wird, muss sich irgendwo Luft machen. Da ist es dann schon besser, einen Krach zu riskieren als eine Krankheit.

Besonders, wenn Sie Kinder haben und Ihre Kinder von Ihrer derzeitigen unhaltbaren Situation mitbetroffen sind, müssen Sie endlich etwas sagen *und* etwas unternehmen. Kinder haben keinerlei Macht und erleben alle Probleme als doppelt so schlimm, weil sie nichts daran machen können. Sie dagegen als Erwachsener haben keinerlei Entschuldigung, wenn Sie die Lage nicht endlich klären. Das kann entweder heißen, endlich einmal die Meinung zu sagen, oder sogar, sich von einem unpassenden Partner zu trennen, wenn dieser den Familienfrieden dauerhaft stört.

Auch in Ihrem Beruf sollten Sie nicht alles einfach so hinnehmen. Besonders im Beruf ist es natürlich sehr wichtig, sachlich zu argumentieren, damit Ihnen nicht der Vorwurf gemacht werden kann, Sie wären unprofessionell in Ihrem Benehmen. Sprechen Sie dabei immer möglichst direkt mit der Person, die das Problem verursacht, und zwar unter vier Augen. Wenn die Person Ihr Vorgesetzter ist, bitten Sie um einen Termin. Wenn es sich dagegen um einen gleichgestellten Mitarbeiter handelt, vereinbaren Sie am besten eine private Unterredung in der Mittagspause.

Bereiten Sie sich auf Ihr Gespräch vor, egal, ob Ihr Gesprächspartner der Ehemann/die Ehefrau oder ein Angestellter/eine Angestellte im Betrieb ist. Welcher Kompromiss wäre für Sie tragbar?

# Minderwertigkeitsgefühle

Wer das Gefühl hat, weniger wert zu sein als seine Mitmenschen, hat dadurch oft Schwierigkeiten im Beruf und Sozialleben, entweder, weil er sich zu sehr zurückhält oder weil er zu aggressiv reagiert.

## Affirmationen ■

Ich bin genauso wertvoll wie alle anderen, egal, was mir früher passiert ist.
Mein Selbstwertgefühl und mein Durchsetzungsvermögen steigern sich von Tag zu Tag auf positive Weise.
Meine innere Ruhe und meine Ausgeglichenheit verhelfen mir zu größerem Selbstvertrauen und innerer Stärke.

## Positiv-Skript ●

Ich fange ab sofort neu an. An jedem neuen Tag orientiere ich mich an meinen eigenen, neuen Richtlinien. Ich habe beschlossen, dass ich genauso viel wert bin wie alle anderen Menschen um mich herum. Egal, was jemand früher einmal zu mir gesagt hat, ich mache jetzt einen neuen Anfang. Egal, wie ich früher behandelt worden bin, ich fange jetzt neu an. Ich schreibe mir ab sofort mein eigenes neues Gesetz, nach dem ich konsequent denke, lebe und handle. Mein neues Gesetz lautet: »Ich bin wertvoll.« Entsprechend behandle ich mich auch selbst. Ich schalte auf positiv und spreche freundlich und geduldig mit mir. Ich genieße das angenehme Gefühl, das mich bei diesen liebevollen Selbstgesprächen durchströmt. Ich fange neu an und genieße die Veränderungen, die ich durch meine eigene Entschlusskraft in die Wege leite. Ganz allmählich verändert sich meine Selbsteinschätzung in eine positive Richtung.

## Visualisierung ◆

Stellen Sie sich vor, Sie hätten einen kleinen Schutzengel auf der Schulter, der Sie mag und Sie moralisch unterstützt, indem er Ihnen Mut zuspricht und Ihnen Ihre eigenen Stärken zeigt.

# Tipps

Niedriges Selbstwertgefühl ist etwas, was wir lernen, und zwar meistens schon in jungen Jahren. Beigebracht wird uns diese negative Haltung uns selbst gegenüber von Menschen, die sich selbst nicht mögen und das an anderen auslassen. Ein seelisch intakter Mensch würde Sie nie heruntermachen oder auf negative Weise kritisieren, denn das hat er nicht nötig. Überlegen Sie darum genau, wer Ihnen beigebracht hat, dass Sie minderwertig sind. Dieser Mensch ist seelisch nicht intakt und darum können Sie seine Kritik ruhig innerlich von sich weisen. Stellen Sie sich diese Kritik als Müll vor, den Sie in einen schwarzen Sack stecken und auf die Müllhalde werfen.

Verhalten Sie sich so, als ob Sie selbstbewusst wären. Das ist zunächst nicht ganz einfach, weil eine Stimme in Ihrem Kopf Sie dauernd darauf hinweist, dass Sie sich nur etwas vormachen. Tun Sie es aber trotzdem, denn ganz allmählich können Sie in die neue Rolle hineinwachsen. Fangen Sie zunächst einmal mit kleineren Aufgaben an. Hören Sie zum Beispiel auf, Leute anzulächeln, die Sie nicht mögen oder die unfreundlich zu Ihnen sind/waren. Damit erweisen Sie sich selbst Respekt. Wer Sie rüde behandelt, wird zum Dank nicht auch noch angelächelt!

Nehmen Sie Ihre eigenen Bedürfnisse ernst. Machen Sie sich etwas zu essen, wenn Sie Hunger haben; trinken Sie, wenn Sie Durst haben; gehen Sie zur Toilette, wenn Sie das Bedürfnis verspüren, und nicht erst dann, wenn es gar nicht mehr anders geht. Warten Sie nicht mit dem Essen oder Trinken, bis Sie keiner sieht, sondern versorgen Sie sich, sobald es geht, ohne andere dabei zu stören.

Tun Sie Ihre Wünsche kund. Das ist ganz in Ordnung und Sie können es ja ruhig und freundlich tun. Wichtig ist, dass Sie etwas sagen, wenn Sie etwas möchten. Wenn Sie Ihre eigenen Wünsche nicht ernst nehmen, wird das auch kein anderer tun.

# Nägelkauen

Nägelkauen ist oft ein Mittel, Stress zu bewältigen. Wer angespannt ist, verschafft sich Erleichterung, indem er seine Nägel »attackiert«. Dazu kommt dann auch noch ein gewisser Gewohnheitseffekt: Weil man es schon so lange macht, kann man es nicht mehr lassen.

## Affirmationen ■

Ich erlaube mir jetzt, meine Fingernägel in Ruhe wachsen zu lassen.
Mit jedem Tag werden meine Fingernägel schöner und kräftiger.
Ich kann lernen, Spannungen in Ruhe aus mir herausfließen zu lassen, während meine Hände ruhig und entspannt bleiben.

## Positiv-Skript ●

Ich weiß, dass ich lernen kann, ruhiger zu werden. Dinge, die mich früher gestresst haben, lassen mich jetzt unberührt. Ich bleibe ruhig und gelassen, egal, was passiert. Auch meine Hände dürfen ruhig und entspannt bleiben, egal, was passiert. Ich fange langsam an, meinen Händen und Fingernägeln mehr positive Beachtung zu schenken. Wenn es bei der Arbeit/in der Familie/im Haushalt hoch hergeht, dann streiche ich ganz ruhig mit einer Hand über die andere. Ich tue das ganz automatisch und diese Geste beruhigt mich sofort. Je mehr ich mit einer Hand über die andere streiche, desto ruhiger werde ich und desto klarer kann ich notwendige Entscheidungen treffen. Ich pflege meine Fingernägel mit Hingabe. Auch ganz kurze Fingernägel feile ich jeden Tag sorgfältig, um die Ränder glatt zu halten. Meine Nägel wachsen jeden Tag ein kleines Stück weiter und ich bin stolz auf das gepflegte Aussehen meiner Hände.

## Visualisierung ◆

Stellen Sie sich vor, Sie hätten weiße Handschuhe an beiden Händen. Ziehen Sie diese in Gedanken langsam aus, um die wunderschönen Fingernägel darunter zu enthüllen.

# Tipps

Nägelkauen fängt gewöhnlich an einer Stelle an, wo der Nagel etwas eingerissen ist. Verwenden Sie daher viel Zeit darauf, Ihre Nägel jeden Tag zu maniküren, auch wenn sie noch so kurz sind. Tragen Sie immer eine Nagelfeile bei sich und feilen Sie scharfe oder unebene Kanten sofort, damit sich der Nagelrand immer glatt anfühlt.

Wenn Sie manchmal das Nägelkauen gar nicht vermeiden können, dann versuchen Sie einmal, die Anzahl der Nägel zu beschränken, an denen Sie kauen. Wenn Sie also normalerweise an drei bestimmten Nägeln der rechten Hand kauen, dann versuchen Sie einmal, nur noch an einem zu kauen.

Eine Angewohnheit wie Nägelkauen spielt sich oft ganz automatisch ab, sodass man es gar nicht bemerkt, wenn man es gerade schon wieder macht. Sobald Sie sich dabei erwischen, lassen Sie sofort Ihre Hände sinken und streichen Sie mit einer Hand über die andere. Streichen Sie immer sowohl über die eine als auch über die andere Hand.

Beobachten Sie einmal ganz genau, zu welchen Gelegenheiten Sie Nägel kauen. Welche Gedanken gehen Ihnen durch den Kopf, während Sie einen Nagel im Mund haben? Machen Sie sich Sorgen wegen irgendetwas? Oder ist es ein allgemeines Gefühl der Spannung, von dem Sie sich Erleichterung verschaffen wollen? Dadurch, dass Sie sich der einzelnen Vorgänge während des Nägelkauens bewusst werden, können Sie es des öfteren vermeiden, weil Sie es jetzt bemerken, wenn Sie es tun.

Wenn Sie im Moment unter großem Stress stehen und dadurch das Nägelkauen besonders zwingend scheint, dann achten Sie auch darauf, dass Sie immer wieder einmal richtig tief durchatmen. Dadurch verschaffen Sie sich nicht nur körperliche Entspannung, sondern verringern auch das Bedürfnis, Nägel zu kauen.

# Perfektionismus

Wenn alles immer fehlerlos und einwandfrei geraten muss, wird es sehr schwer, eine Sache zu Ende zu bringen. Das kann sich bis zu einer Obsession steigern, bei der der Leidtragende Angst davor hat, etwas Neues anzufangen.

## Affirmationen ■

So gut wie möglich ist gut genug. Besser brauche ich es nicht zu machen.
Ich kann lernen, mich allmählich zu entspannen und meine Arbeit in Ruhe gut und richtig zu machen.
Mit jedem Tag werde ich ruhiger und sehe meine Aufgaben/Arbeit in einem neuen Licht.

## Positiv-Skript ●

Ich entlasse jetzt alle meine angestrengten Gedanken in Ruhe und Frieden. Ich lasse los, was ich nicht mehr brauche, und schaffe Raum für innere Ruhe und Ausgeglichenheit. Auch ich darf in Ruhe leben und arbeiten. Ich mache eines nach dem anderen. Ich arbeite zügig und kompetent und bleibe dabei entspannt und gelassen. Ich erlaube mir einfach einmal, meine Sache sehr gut statt ausgezeichnet zu machen. Sehr gut ist sehr gut. Sehr gut darf sein. Ich darf mit sehr gut sehr zufrieden sein. Kleine Unebenheiten sind völlig in Ordnung und dürfen stehen bleiben. Ich freue mich so über meine neue innere Ruhe, dass mich kleine Unebenheiten eher amüsieren als stören. Sie geben meinem Werk eine persönliche Note. Meine innere Gelassenheit macht mir jede Arbeit zur Freude. Es macht mir Spaß, eine Sache sehr gut zu erledigen. Perfekt ist nicht mehr gefragt. Sehr gut tut's auch! Mit dem Dahinjagen ist es vorbei: Ich will leben!

## Visualisierung ◆

Sehen Sie sich im Geiste bei der Arbeit, die Sie in Ruhe, aber zügig verrichten. Sehen Sie sich lächeln und sich nach Abschluss der Arbeit zufrieden im Stuhl zurücklehnen und sich strecken.

# Tipps

Lernen Sie zuallererst einmal, sich gut zu entspannen. Benutzen Sie dazu das Positiv-Skript von Seite 96. Nehmen Sie sich das Skript auf Kassette auf und hören Sie es regelmäßig einmal am Tag an. Perfektionismus hat etwas mit Stress zu tun. Wenn Sie Ihren inneren Stress verringern können, dann verringert sich auch der seelische Druck, der Sie zum Perfektionismus treibt.

Fangen Sie damit an, unwichtige Fehler stehen zu lassen. Wenn Sie sich zum Beispiel auf Ihrer Einkaufsliste verschrieben haben und etwas durchstreichen müssen, dann lassen sie das Tipp-Ex stehen und *weißen Sie das Durchgestrichene nicht aus.* Lernen Sie, mit unwichtigen Fehlern zu leben. Sollte Ihnen diese Aufgabe unmöglich sein, dann verschieben Sie zumindest das Ausweißen des Fehlers fünf oder zehn Minuten lang.

Achten Sie darauf, dass Sie richtig atmen. Atmen Sie in den Bauch ein, so dass der Bauch sich nach außen wölbt. Auf diese Weise füllen Sie die gesamten Lungen. Das wiederum bringt mehr Sauerstoff zum Gehirn, Sie werden ruhiger und können sich besser konzentrieren. Beim Ausatmen achten Sie darauf, dass Sie wirklich alle Luft aus den Lungen auspressen. Ziehen Sie dazu den Bauch kräftig ein. – Legen Sie immer wieder eine Pause ein und nehmen sie drei Atemzüge wie oben beschrieben.

Überlegen Sie einmal, welche Lebensumstände Ihnen im Moment Stress bereiten. Können Sie etwas an ihnen ändern? Wenn nicht, kann Ihnen jemand helfen, damit die Situation erträglicher wird? Tun Sie so bald wie möglich etwas und schieben Sie eventuelle Lösungsmöglichkeiten nicht mit einer Ausrede immer wieder vor sich her.

Arbeiten Sie daran, mehr Sie selbst zu werden. Glücklichsein erwächst nicht aus einem perfekt geschriebenen Brief, sondern aus dem ungezwungenen Zusammensein mit netten Leuten.

# Rauchen

Eine psychiche und physische Abhängigkeit, die langsam ins soziale Abseits gedrängt wird. Wer das Rauchen aufgeben will, hat heute sehr gute Chancen, es auch zu schaffen.

## Affirmationen ■

Es geht auch ohne Teer auf der Lunge.
Es steht mir jederzeit frei, mich gegen das Rauchen zu entscheiden.
Mit jeder rauchfreien Stunde tue ich mir selbst etwas Gutes.

## Positiv-Skript ●

Ganz langsam erlaube ich mir, das Rauchen loszulassen. Die Tore meines Gefängnisses öffnen sich weit und ich fühle mich gut, während ich ins Freie trete und befreit aufatme. Ich fühle kühle, saubere Luft durch meine Lungen strömen. Ich atme endlich wieder tief durch. Meine Hände sind frei und entspannt, mein Kopf ist klar und ich fühle mich ruhig und zufrieden als Nichtraucher. Ich gewöhne mich schnell und vollkommen an diesen neuen Zustand. Auch wenn ich zunächst manchmal noch in mein Gefängnis zurückgehe, bleibt das Tor nach draußen trotzdem immer offen, und langsam gewöhne ich mich an meine Freiheit und möchte um nichts in der Welt mehr in die Enge und die verbrauchte Luft meines Gefängnisses zurück. Mit jedem Tag festigt sich mein Entschluss, mir die Freiheit zu nehmen, die mir zusteht. Ich fühle mich zufrieden und entspannt und finde es überraschend leicht, Nichtraucher zu werden und zu bleiben.

## Visualisierung ◆

Werden Sie sich bewusst, in welchen Situationen Sie automatisch zur Zigarette greifen, zum Beispiel beim Telefonieren, nach dem Essen, bei gesellschaftlichen Anlässen, wenn Sie nervös oder gelangweilt sind und so weiter. Stellen Sie sich vor, wie Sie sich in den gleichen Situationen frei und lässig ohne Zigarette bewegen. Außerdem können Sie sich auch vorstellen, wie Sie ein verräuchertes Gefängnis verlassen und befreit aufatmen.

## Tipps

Sind Sie ein Alles-oder-Nichts-Typ oder eher jemand, der die Dinge langsam angeht? Überlegen Sie, wie Sie sich normalerweise verhalten, wenn es darum geht, eine neue Sache in Angriff zu nehmen. Entsprechend sollten Sie auch verfahren, wenn Sie das Rauchen aufgeben wollen.

Welchen Nutzen hat das Rauchen für Sie? Dient es Ihnen zur Entspannung, als Belohnung, als Schutz? Erlaubt es Ihnen, Aggression oder Frustration abzubauen? Können Sie diesen positiven Nutzeffekt auch durch etwas anderes als Rauchen erreichen?

Wenn Sie das Rauchen nicht von heute auf morgen ganz aufgeben können, versuchen Sie einmal, die nächste Zigarette auf später zu verschieben. Auch wenn Sie nur drei- oder viermal am Tag das Rauchen verschieben, kann das zu einer Verringerung der gerauchten Zigaretten führen.

Erschweren Sie sich den automatischen Griff zur Zigarette, indem Sie Zigaretten und Feuerzeug niemals zusammen aufbewahren. Verstauen Sie die Zigarettenschachtel im obersten Fach Ihres Küchenschrankes und das Feuerzeug und sämtliche Streichhölzer im Badezimmer. Wenn Sie jedesmal erst ins Badezimmer gehen müssen, vermeiden Sie all die Zigaretten, die Sie nur deshalb rauchen, weil sie griffbereit in Ihrer Nähe liegen.

Nehmen Sie jede Zigarette, die Sie rauchen müssen, in die *andere* Hand als die, mit der Sie normalerweise Ihre Zigaretten rauchen. Rauchen Sie die Zigarette auch niemals bis zu Ende, sondern drücken Sie sie nach der Hälfte aus.

Rauchen Sie immer nur, indem Sie sich ganz aufs Rauchen konzentrieren. Tun Sie nichts anderes, während Sie rauchen.

# Schlafstörungen

Wer über einen Zeitraum von mehreren Tagen nicht gut oder gar nicht schläft, fühlt sich am nächsten Morgen nicht nur zerschlagen, sondern kann durch die körperliche Erschöpfung auch eine Verstärkung von Angstsymptomen oder Depression erfahren.

## Affirmationen ■

Langsam, aber sicher entspannen sich mein Körper und mein Geist. Alle meine Gedanken lösen sich in Wohlgefallen auf und bringen mir Ruhe.
Ich bin völlig ruhig und entspannt und ein wohltuendes Gefühl der Ruhe durchströmt meine Seele.

## Positiv-Skript ●

Ich liege ganz ruhig und entspannt. Meine Muskeln und Sehnen beginnen jetzt allmählich, sich wohlig auszudehnen. Alles lockert und löst sich behutsam und ein Gefühl des Wohlseins breitet sich in mir aus. Mein Atem geht ruhig und gleichmäßig. Ich bin ruhig und gelassen und lasse mich auf diesem Gefühl des Wohlseins gemächlich treiben. Sobald mein Kopf das Kissen berührt, lösen sich alle meine Gedanken in Wohlgefallen auf und ein wohltuendes Gefühl der Ruhe durchströmt mich. Mein Körper wird leichter und leichter und ich schwebe allmählich einer angenehmen Müdigkeit entgegen. Meine Lider werden schwerer und schwerer, meine Ruhe wird tiefer und fester. Ein wunderbares Gefühl der Ruhe und des Friedens breitet sich in mir aus. Wie eine kleine Feder schwebe ich in gesunden, natürlichen und erholsamen Schlaf, tiefer und tiefer, in gesunden, natürlichen und erholsamen Schlaf.

## Visualisierung ◆

Stellen Sie sich vor, wie Sie sich selbst fest schlafend im Bett liegen sehen. Beobachten Sie dabei Ihre gleichmäßigen Atembewegungen, die Augenbewegungen unter den geschlossenen Augenlidern während eines Traumes, die entspannte Lage Ihrer Arme und Beine.

# Tipps

Vermeiden Sie größeren Alkoholkonsum. Obwohl Alkohol Sie vielleicht zunächst entspannt, verursacht er aber gleichzeitig auch Depressionen, und Depressionen verhindern Schlaf.

Trinken Sie nach 16 Uhr keinen schwarzen Tee oder Kaffee mehr. Probieren Sie stattdessen Kräutertee, Malzkaffee oder entkoffeinierten Kaffee und Tee. Wenn Sie auch während des Tages weniger Koffein zu sich nehmen, hilft Ihnen das, nachts besser zu schlafen.

Vermeiden Sie es, tagsüber ein Nickerchen zu machen. Dadurch verfestigen Sie nur den falschen Schlafrhythmus. Auch wenn es noch so unangenehm ist: Halten Sie sich auf jeden Fall wach, indem Sie etwas arbeiten oder einen Spaziergang machen.

Wenn Sie nachts nicht schlafen können, stehen Sie sofort auf und verrichten Sie irgendeine leichte Hausarbeit. Putzen Sie zum Beispiel die Fenster von innen oder reinigen Sie die Badewanne. Merke: Das Bett ist nur zum Schlafen da, nicht zum Wachliegen.

Wenn Sie ins Grübeln über ein Problem kommen, während Sie im Bett liegen, stehen Sie auf und setzen Sie sich an einen Tisch. Schreiben Sie auf, um welches Problem es geht, und zwar möglichst in allen Einzelheiten. Schreiben Sie auch alle Lösungsansätze auf, die Ihnen im Moment einfallen. Lassen Sie den Zettel auf dem Tisch liegen – nehmen Sie ihn nicht mit ins Schlafzimmer! Wenn Sie noch etwas ergänzen wollen, stehen Sie auf und gehen Sie in das Zimmer, wo der Zettel liegt. Merke: Das Bett ist nur zum Schlafen da, nicht zum Grübeln.

Wenn Sie Schlafstörungen haben, sollten alle Familienprobleme oder wichtigen Entscheidungen grundsätzlich nur im Wohnzimmer besprochen werden, nicht im Bett. Merke: Das Bett ist zum Schlafen da, es ist kein Konferenztisch.

# Schuldgefühle

Wenn man etwas falsch gemacht oder jemanden verletzt hat, dann stellt sich schnell ein schlechtes Gewissen ein. Als Warnsignal ist das auch in Ordnung, nicht aber, wenn die Schuld zum inneren Gefängnis wird.

## Affirmationen ■

Ich mache gut, was gutzumachen ist, und darf dann meine Schuldgefühle loslassen.
Ich vergebe mir endlich meine vergangenen Fehler und darf wieder aufatmen.
Mein Gewissen ist eine Warnlampe und nicht der Kronleuchter im Ballsaal meines Lebens.

## Positiv-Skript ●

Ich lasse jetzt meine Schuldgefühle los, da ich sie nicht mehr brauche und sie überflüssig sind. Ich lerne aus meinen Fehlern und integriere meine neuen Erkenntnisse in mein Leben. Ich habe dazugelernt, und das ist mir etwas wert. Ich lasse die Vergangenheit hinter mir und lebe im Hier und Jetzt. Meine Erfahrungen und Erkenntnisse machen mich zu einem besseren Menschen. Ich bemühe mich immer wieder darum, meine Einstellung zu mir selbst, zum Leben und zu anderen Menschen zu verbessern. Ich entwickle mich jetzt weiter und lasse Vergangenes hinter mir. In aller Ruhe widme ich mich der Gegenwart und schaffe mir eine gute und zufriedene Zukunft. Ich schaue nach vorne statt nach hinten. Auch ich darf Fehler machen, genau wie alle anderen, denn das gehört zum Menschsein dazu. Ich spreche freundlich und positiv mit mir selbst. Ich lasse vergangene Fehler und Fehleinschätzungen ab sofort hinter mir und freue mich wieder meines Lebens.

## Visualisierung ◆

Stellen Sie sich vor, wie Sie frei und leicht auf eine schöne Stadt zugehen und eine alte Baracke hinter sich lassen.

# Tipps

Machen Sie sich zunächst einmal klar, was schief gelaufen ist. Nehmen Sie sich dann die Zeit zu überlegen, was Sie tun können, um Ihren Fehler wieder gutzumachen. Legen Sie dann einen Plan fest, wie Sie die Wiedergutmachung in die Tat umsetzen können. Wenn Sie das getan haben, können Sie die Schuld loslassen und mit dem Positiv-Skript weitermachen.

Wenn Sie an Ihrem Fehler nichts mehr ändern können, weil es wirklich zu spät oder die betreffende Person gestorben ist, dann denken Sie sich eine Art Ersatz-Wiedergutmachung aus, die allerdings zeitlich begrenzt sein muss. Tun Sie jemand anderem etwas Gutes. Wenn Sie das getan haben, dann dürfen Sie Ihre Schuld ruhig loslassen und in Frieden weiterleben. Arbeiten Sie dann mit dem Positiv-Skript weiter.

Entschuldigen Sie sich beim anderen und verzeihen Sie sich selbst.

Wenn Sie ein vages Schuldgefühl haben, aber nicht wissen, ob Sie wirklich Schuld haben, schließen Sie die Augen und stellen Sie sich das Geschehene auf einem inneren Bildschirm vor. Sie sind dabei nur der außenstehende Beobachter. Was halten Sie von dem, was auf dem Bildschirm passiert? Durch den neuen Blickwinkel von außen ist es oft leichter zu erkennen, was schief gelaufen ist und wer eigentlich Schuld hat. – Wenn Sie sich schlecht distanzieren können, dann stellen Sie sich vor, dass nicht Sie selbst einer der Darsteller auf dem Bildschirm sind, sondern Ihr bester Freund/Ihre beste Freundin.

Schreiben Sie den betreffenden Vorfall in allen Einzelheiten auf, und zwar, als ob das Ganze einer anderen Person passiert wäre. Auf diese Weise distanzieren Sie sich, genau wie mit dem inneren Bildschirm, vom Geschehenen und können besser abschätzen, was eigentlich passiert ist.

# Stottern

Stottern und Stammeln kommen in der Kindheit vor und geben sich oft von alleine. Wo das Problem auch nach der Kindheit bestehen bleibt, kann es das Leben des Leidtragenden nachhaltig negativ beeinflussen.

## Affirmationen ■

Ich atme leicht und frei. Worte fließen flüssig und ruhig aus meiner Kehle.
Ich atme ruhig und gleichmäßig und spreche mit Leichtigkeit beim Ausatmen.
Ich kann langsam, ruhig und flüssig sprechen lernen. Mein Selbstvertrauen wächst mit jedem Tag.

## Positiv-Skript ●

Ich freue mich, weil ich endlich anfangen kann zu glauben, dass mir flüssiges Sprechen möglich ist. Man kann alles neu lernen, egal, wie alt das Problem ist! Ich entspanne mich tief und tiefer, mein Atem geht ruhiger und ruhiger. Mein Atem fließt – meine Worte fließen – meine Sprache fließt ruhig und sicher wie ein großer Fluss. Ich lasse mich ruhig und sicher auf dem breiten Fluss meiner Sprache treiben. Ich fühle mich sicher und gut aufgehoben, während ich beim Ausatmen die Worte aus meinem Körper strömen lasse. Ich fühle mich wohl und freue mich an jedem ruhigen, langsamen Wort, das klar und deutlich und fließend aus meinem Körper hervorströmt. Meine Ruhe und Gelassenheit beeinflussen meinen Atem, mein Atem beeinflusst meine Sprache und meine flüssige Sprache beeinflusst meine Überzeugung, dass ich flüssiges Sprechen lernen und beibehalten kann. Ich entspanne mich tiefer und tiefer und höre mit meinem inneren Ohr flüssige Sprache aus meinem Körper strömen, leicht und frei, ruhig und sicher.

## Visualisierung ◆

Stellen Sie sich vor, Sie hörten sich selbst in einer Gesprächssituation fließend sprechen.

# Tipps

Lassen Sie sich den Text des Positiv-Skripts auf Kassette sprechen, und zwar von jemandem, dessen Stimme und Tonfall Ihnen besonders angenehm sind.

Beschäftigen Sie sich mit positiven Aspekten Ihrer Persönlichkeit. Sie bestehen nicht nur aus Ihrem Stottern oder Stammeln, sondern haben auch noch andere Eigenschaften. Machen Sie eine Liste all Ihrer positiven Wesenszüge und lesen Sie sie jeden Tag einmal durch, am besten laut und langsam.

Es ist ganz wichtig, dass Sie Ihre Überzeugung von negativ auf positiv ändern. Besonders, wenn Sie Ihr Sprechproblem schon länger haben, kann sich der Glaube einschleichen, dass sich nichts daran ändern lässt. Flüssiges Sprechen können Sie aber nur dann lernen und beibehalten, wenn Sie überzeugt davon sind, dass das überhaupt geht. Benutzen Sie daher die Affirmationen jeden Tag mehrere Male. Sprechen Sie dabei laut und deutlich und so langsam wie nötig, damit der Sprachfluss gewahrt bleibt.

Machen Sie es sich zur Regel, über Ihr Stottern zu sprechen. Besonders, wenn Sie neue Bekanntschaften machen, erklären Sie gleich, dass Ihnen Ihr Stottern auf den Nerv geht, dass Sie aber daran arbeiten, es loszuwerden. Das ist besser als der Versuch, das Stottern zu vertuschen, indem Sie so schnell wie möglich sprechen.

Wenn es ein Ereignis in Ihrem Leben gibt, das Ihrer Meinung nach zu Ihrem Stottern geführt hat, dann können Sie eventuell durch Hypnosetherapie Erleichterung erfahren. In der Therapie kann das ursprüngliche Erlebnis seelisch neu verarbeitet werden.

Wenn Sie Ihre Visualisierung durchführen, dann denken Sie daran, dass in jedem Stotterer ein fließend sprechender Mensch lebt.

# Wut

Wer sich ständig übervorteilt fühlt, der ärgert sich leicht. In extremen Fällen steigert sich diese Gefühlsregung auch zu einem Wutanfall, der für andere sehr beängstigend sein kann.

## Affirmationen ■

Ich reagiere ab sofort immer langsamer auf ärgerliche Vorfälle.
Ich kann lernen, ruhig und gelassen mit ärgerlichen Vorfällen umzugehen.
Mein Gleichmut wächst mit jedem Tag und ich atme erst einmal tief durch, bevor ich mich zu Unerfreulichem äußere.

## Positiv-Skript ●

Ich beginne jetzt langsam damit, zu lernen, dass ich mich ruhig und sachlich äußern kann. Ich darf jetzt meine Angst ablegen, dass mir versagt bleiben könnte, was ich brauche und wünsche. Ich habe ein Recht darauf, angstfrei zu leben, und werde allmählich immer ruhiger. Meine innere Ruhe breitet sich wohltuend in meinem ganzen Körper aus. Es tut mir gut, diese Ruhe einmal zuzulassen, und während ich mich immer tiefer entspanne, merke ich, wie ich allmählich positiver denke und reagiere. Meine Gelassenheit erlaubt es mir, das Leben in vollen Zügen zu genießen. Langsam begreife ich, dass die meisten Menschen genau das Gleiche wollen wie ich, nämlich angstfrei leben. Das gelingt mir auch von Tag zu Tag besser. In aller Ruhe und mit tiefster innerer Gelassenheit beschäftige ich mich mit Dingen, die mir unangenehm sind. Eine ruhige innere Freude breitet sich in mir aus, weil ich mit anderen in Frieden leben und trotzdem meine Ansprüche geltend machen kann. Das Leben wird für mich von Tag zu Tag besser und ich reagiere mit Ruhe auf Dinge, die mich früher aus der Fassung gebracht hätten.

## Visualisierung ◆

Stellen Sie sich vor, wie Sie in verschiedenen unerfreulichen Situationen völlig ruhig und gelassen reagieren.

# Tipps

Überlegen Sie einmal, ob Sie Ihre Wut dazu benutzen, mit einer Angst fertig zu werden. Wenn das der Fall ist, dann benutzen Sie bitte zusätzlich zu dem Skript für »Wut« auch das Skript und die Affirmationen für »Angst«.

Wenn Sie sich in einer Situation befinden, in der Sie normalerweise zu einem Wutausbruch neigen, dann probieren Sie einmal aus, wie es ist, wenn Sie den Raum mit einer Entschuldigung verlassen und vor der Tür ein paar Mal tief durchatmen. Wenn es Ihnen nicht möglich ist, den Raum zu verlassen, *dann sagen Sie nichts*, und zwar mindestens eine Minute lang (zählen Sie innerlich bis 60).

Wenn Sie Wutausbrüche in der Kindheit von einem Ihrer Eltern »gelernt« haben, dann fragen Sie sich, ob Sie wirklich das Verhalten Ihrer Eltern auch noch als Erwachsener imitieren wollen. Stellen Sie sich folgende Fragen: »Muss ich wirklich alles nachmachen? Muss ich wirklich ein Verhalten imitieren, das mir verständnislose Erwachsene früher vorgemacht haben? Bin ich ein Roboter oder ein menschliches Wesen?« Denken Sie einmal über diese Fragen nach.

Wollen Sie mit Ihren Wutausbrüchen nur bezwecken, dass Sie das bekommen, was Sie wollen? Versuchen Sie doch einmal, mit Ihrem Gegenüber zu verhandeln. Auf lange Sicht ist das für Ihre Beziehungen wesentlich besser!

Wenn Sie einmal Wut ablassen müssen, dann hauen Sie im Wohnzimmer ein Kissen windelweich.

Wenn Sie bei Ihren Wutausbrüchen die Kontrolle verlieren und andere Menschen tätlich angreifen, dann gehen Sie bitte sofort in psychotherapeutische Behandlung! Benutzen Sie dabei die Ratschläge in diesem Buch als unterstützende Maßnahme.

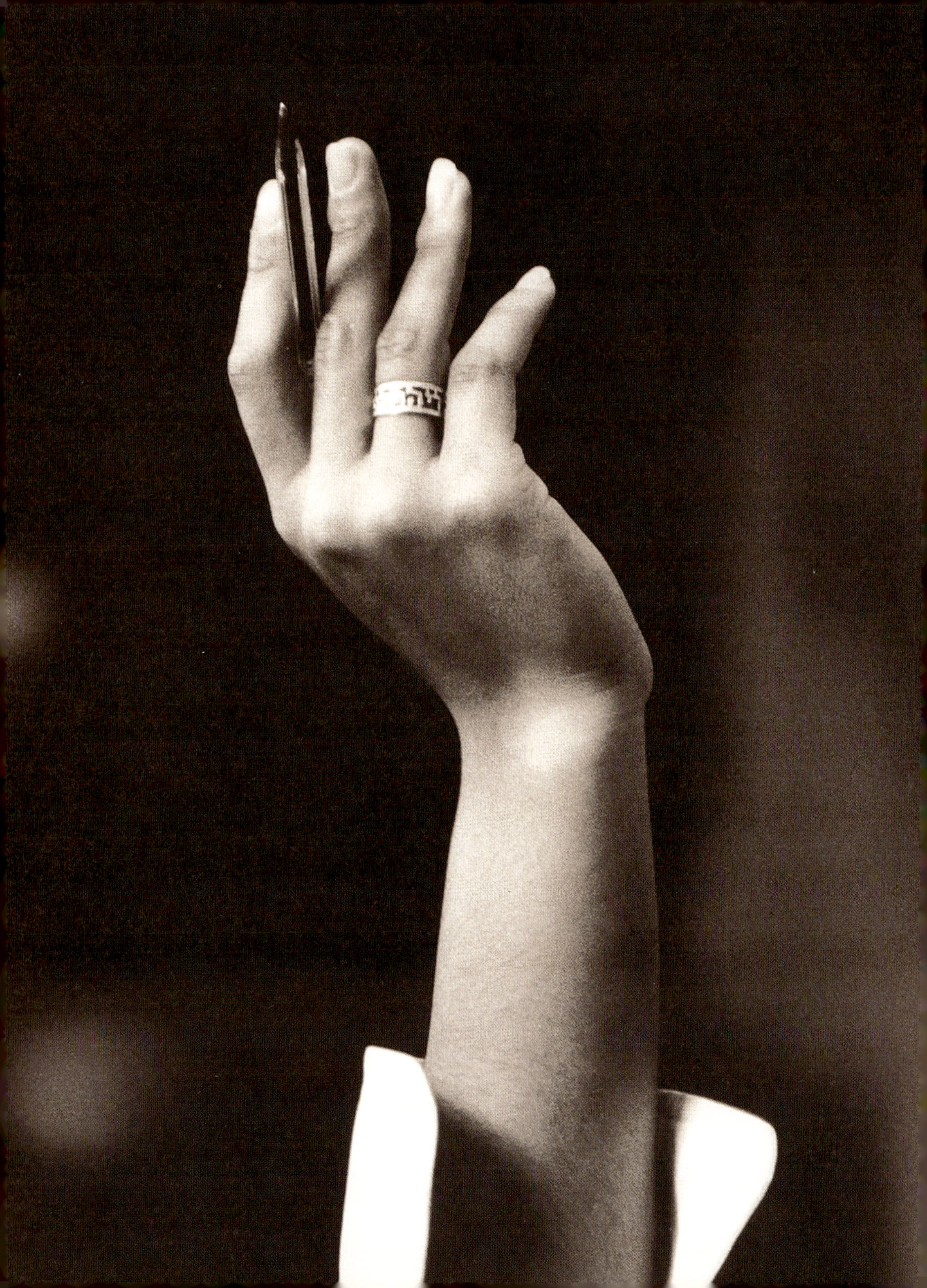

# Schule und Fortbildung

Sowohl in der Schule als auch später in der Lehre oder weiterführenden Ausbildung ist man gezwungenermaßen mit anderen Menschen zusammen und wie das in jeder Gruppe so ist, können sich alleine durch die Verschiedenheit der Individuen eine Reihe von Problemen ergeben. Einem Einzelgänger kann es sehr schwer fallen, sich in eine Gruppe einzufügen. Genauso haben schüchterne Jugendliche es oft schwer, einen Schultag durchzustehen, besonders, wenn der allgemeine Ton an der Schule rau ist. Es ist darum sehr wichtig, dass Eltern sorgfältig abwägen, wohin sie ihr Kind auf die Schule schicken. Robustere Kinder lassen sich nicht so schnell von gröberen Verhaltensweisen der Mitschüler oder Lehrer aus der Ruhe bringen; sensible Kinder dagegen können in solch einer Umgebung seelisch untergehen. Wenn ein Kind unter den Zuständen an der Schule leidet, weil es vom Typ her nicht dort hinpasst, dann sollte ernsthaft ein Schulwechsel in Erwägung gezogen werden.

Es ist wichtig, dass die Eltern von Kindern und Jugendlichen in der Ausbildung viel mit den Kindern sprechen und auf ungewöhnliche Veränderungen im Verhalten ihrer Kinder achten. Wenn schon im frühesten Alter und noch vor Beginn der Schulzeit Probleme offen angesprochen und gemeinsam gelöst werden, dann ist es wahrscheinlicher, dass die Kinder auch während der Schuljahre Vertrauen zu den Eltern haben und über eventuelle Probleme reden. Eltern können nur dann helfen, wenn sie wissen, dass ein Problem besteht.

Doch auch wenn die Schule oder Ausbildungsstelle in Ordnung ist, können sich Probleme ergeben, sobald es um Konzentrationsfähigkeit und Lernen geht. Selbst bei größtem Fleiß kann die Angst vor der Prüfung einen Strich durch die Rechnung machen und die gute Note verderben. Abhilfe ist aber relativ leicht möglich. Mehr dazu auf den folgenden Seiten.

# Beliebtheit

Es ist eine ganz natürliche Tendenz, bei seinen Mitmenschen beliebt sein zu wollen. Besonders in der Schule oder in der Ausbildung, wo man teil an einer Gruppe hat, ist ein Gefühl der Dazugehörigkeit wichtig, damit man sich wohl fühlt.

## Affirmationen ■

Die einzige Person, die ich mit Überzeugung sein kann, bin ich selbst. Ich begegne meinen Mitschülern mit entspannter Freundlichkeit und freue mich, wie positiv die meisten auf mich reagieren.
Was ich an andere aussende, kommt wie ein Bumerang zu mir zurück.

## Positiv-Skript ●

Ich bin gut, so wie ich bin. Ich darf mich entspannt und ruhig unter anderen Menschen bewegen. Ich habe die gleichen Rechte wie alle anderen. Ich respektiere meine Mitschüler/Kommilitonen/Kollegen und habe Verständnis dafür, dass sie nicht immer alles richtig machen können. Gleichzeitig gestehe ich auch mir selbst zu, Fehler zu machen und aus ihnen zu lernen. Ich habe Verständnis für mich selbst, vergebe mir meine Fehler und arbeite daran, der bestmögliche Mensch zu werden, der ich sein kann. Je mehr ich mich selbst akzeptiere, desto mehr akzeptieren mich meine Mitmenschen. Es ist auch ganz in Ordnung, wenn mich nicht jeder mag. Das ist völlig normal, denn die Geschmäcker sind verschieden. Ich konzentriere mich jetzt ganz auf meine persönliche Weiterentwicklung und arbeite jeden Tag daran, meinen Mitschülern/Kommilitonen/Kollegen Verständnis und Freundlichkeit entgegenzubringen. Ich schaffe die besten Voraussetzungen, von anderen anerkannt und gemocht zu werden.

## Visualisierung ◆

Sehen Sie im Geiste, wie Sie von mehreren Mitschülern/Kommilitonen/Kollegen freudig begrüßt werden und Sie sich in angeregte Gespräche vertiefen.

# Tipps

Je entspannter Sie mit Mitschülern sind, desto wahrscheinlicher ist es, dass man Sie mag. Wer sich zu offensichtlich anstrengt, beliebt zu sein, macht sich eher lächerlich. Seien Sie freundlich und seien Sie interessiert an dem, was andere erzählen.

Lernen Sie von Mitschülern, die eine entspannte und freundliche Haltung anderen gegenüber haben. Schauen Sie sich einmal genau an, wie diese Mitschüler auf andere reagieren und nehmen Sie sich ihr Verhalten als generellen Leitfaden, wie man gut mit anderen umgeht. Sie brauchen diese Mitschüler aber keineswegs nachzumachen, im Gegenteil: Entwickeln Sie ruhig Ihren eigenen Stil.

Verwechseln Sie nicht Großmäuligkeit mit Beliebtheit. Menschen, die Unterhaltungen dominieren, haben zwar oft die Lacher auf ihrer Seite, aber das kann auch ein Zeichen dafür sein, dass die anderen etwas Angst vor der Scharfzüngigkeit der dominanten Person haben und sich deshalb gut mit ihr stellen wollen. Das ist aber noch lange nicht das Gleiche wie beliebt zu sein!

Seien Sie nett zu sich selbst. Wenn Sie sich tagein, tagaus im Geiste selbst zur Schnecke machen, dann tut das weder Ihrem Selbstbewusstsein gut, noch macht es Sie bei anderen beliebter. Führen Sie stattdessen lieber freundliche Selbstgespräche, bei denen Sie hervorstreichen, was Sie schon gut machen, und sprechen Sie sich selbst Mut zu, an verbesserungsfähigen Punkten weiterzuarbeiten.

Stellen Sie nicht nur immer Fragen, um Ihr Interesse an anderen zu bekunden. Erzählen Sie auch von sich selbst. Um Freundschaften zu entwickeln, müssen Sie auch Informationen über sich selbst preisgeben. Erst dann findet ein echter Austausch statt, der zu Vertrauen und Freundschaft führen kann.

# Durchhaltevermögen

In der Ausbildung läuft nicht immer alles so, wie man es gerne hätte. Man sackt in einem Fach vielleicht ab oder interessiert sich nicht besonders für ein anderes. Dadurch kann man manchmal die Motivation verlieren, mit der Schule oder Ausbildung weiterzumachen.

## Affirmationen ■

Ich kann es schaffen, über dieses Hindernis hinwegzukommen; ich habe alles Nötige schon in mir.
Ich bin bis hierher gekommen und bin fest entschlossen, meinen Weg weiter zu verfolgen.
Natürlich schaffe ich das, das wäre doch gelacht!

## Positiv-Skript ●

Ich habe in mich selbst investiert und bin fest entschlossen, weiterzumachen. Ich habe sämtliche Fähigkeiten bereits in mir, die den Erfolg möglich machen. Die Lösung meines gegenwärtigen Problems ist schon auf dem Weg zu mir. Schritt für Schritt arbeite ich mich meinem Ziel entgegen, langsam, aber sicher arbeite ich mich weiter. Es ist in Ordnung, wenn im Moment alles etwas langsamer geht. Ich bleibe aber fest am Ball und führe weiter, was ich mir aufgebaut habe. Meine Entschlusskraft ist unerschütterlich. Nichts und niemand kann mich von meinem Ziel abhalten. Der gegenwärtige Engpass ist eine Herausforderung an meine Erfindungsgabe und meine innere Stärke. Mein Durchhaltevermögen stärkt sich mit jedem Tag. Egal, wie klein der Fortschritt ist, den ich täglich mache, erkenne ich ihn trotzdem als Fortschritt an. Statt auf die Wand zu starren, suche ich jetzt nach der Tür in der Wand. Ich bin ruhig und fest entschlossen und konzentriere mich jetzt mehr als je auf mein Ziel.

## Visualisierung ◆

Stellen Sie sich vor, wie Sie Ihr Ziel schon erreicht haben, zum Beispiel den Schulabschluss/Lehrabschluss. Malen Sie sich in leuchtenden Farben aus, wie hervorragend es Ihnen dann geht.

# Tipps

Wenn Sie meinen, es geht gar nicht mehr weiter, dann tun Sie erst einmal gar nichts, bis Sie sich etwas beruhigt haben. Werfen Sie nicht gleich die ganze Ausbildung über Bord, nur weil etwas nicht klappt. Setzen Sie sich lieber mit einem Lehrer oder Ihren Eltern zusammen, um gemeinsam zu überlegen, ob es eine gute Lösung zu Ihrem gegenwärtigen Problem gibt. Aufgeben können Sie später immer noch.

Wenn Lehrer oder Eltern nicht ansprechbar sind, dann sprechen Sie mit einem Mitschüler/Kommilitonen, der gut zurechtkommt, und holen Sie sich ein paar Ideen, wie Sie sich selbst helfen können. Geben Sie nicht auf, bevor Sie nicht mit mindestens zwei kompetenten Leuten über Ihr Problem gesprochen haben!

Gehen Sie in kleinen Schritten vor, wenn Sie durch eine schwierige Phase in Ihrer Ausbildung durchmüssen. Sie brauchen nicht an einem Tag alle Hindernisse aus dem Weg geräumt, alles Verpasste aufgeholt oder alle Fehler wieder gutgemacht zu haben. Solange Sie jeden Tag etwas zur Erreichung Ihres Zieles tun, kommen Sie auch an. Vielleicht etwas später, vielleicht auf einem Umweg, aber Sie kommen an, und das ist die Hauptsache.

Wenn Sie jemanden kennen, der auch Probleme mit dem Durchhalten hat, kann es manchmal sehr nützlich sein, sich zusammenzutun, um sich gegenseitig anzuspornen.

Sehen Sie Ihr gegenwärtiges Problem nicht als Katastrophe, sondern als einen Schluckauf im Leben. In fünf Jahren haben Sie wahrscheinlich schon vergessen, worüber Sie sich heute Tag und Nacht den Kopf zerbrechen. Denken Sie daran: Sie sind zu Großem unterwegs! Lassen Sie sich also nicht von Kleinigkeiten aufhalten. Auch dieses Problem kann gelöst werden und wahrscheinlich leichter, als Sie im Moment denken. Wichtig ist nur, dass Sie jetzt aktiv etwas unternehmen, um weiterzukommen.

# Fahrprüfung

Wie bei allen anderen Prüfungssituationen ist es auch in der Fahrprüfung manchmal so, dass einem die Nervosität einen Strich durch die Rechnung macht. Um zu bestehen, muss man einigermaßen entspannt in die Prüfung gehen.

## Affirmationen ■

Ich bin gut vorbereitet und bestehe meine Fahrprüfung mühelos.
Alles Gelernte habe ich sofort parat und fahre geschickt und umsichtig, auch in der Prüfung.
Auto fahren macht mir Spaß und ich erledige alle vorgegebenen Aufgaben in der Prüfung kompetent und mit Leichtigkeit.

## Positiv-Skript ●

Ich vertraue auf meine Vorbereitung und auf meine Fähigkeiten. Ich kann meine Prüfung mit Leichtigkeit bestehen. Mein Kopf ist klar, ich bin froh und entspannt, wenn ich zur Prüfung ins Auto steige. Ich mache alles richtig, und zwar ganz automatisch. Ich bin zuversichtlich und erfülle alle Aufgaben gut und richtig. Ich merke, wie alles hervorragend klappt. Ich fahre ruhig und gelassen und mein Atem ist ruhig und gleichmäßig. Ich bin erfreut, wie gut alles läuft. Es ist eigentlich alles sehr einfach und die Prüfungssituation macht mir Spaß. Auch kompliziertere Aufgaben führe ich ruhig und sicher durch. Das Wenden klappt wunderbar und auch das Einparken gelingt mir auf Anhieb. Mein Fahrlehrer freut sich mit mir und der Prüfer ist mit meiner Leistung sehr zufrieden. Ich merke, wie alles Gelernte sich so gut gesetzt hat, dass ich die Aufgaben ganz leicht erfüllen kann. Ich fahre umsichtig und sicher. Ich bin ruhig und gelassen und freue mich riesig, dass ich die Fahrprüfung mit Leichtigkeit bestanden habe.

## Visualisierung ◆

Stellen Sie sich vor, wie Sie alle Prüfungsaufgaben spielend erledigen. Konzentrieren Sie sich dabei besonders auf die schwierigeren Aufgaben wie rückwärts einparken und wenden.

# Tipps

Entspannen Sie sich erst einmal gründlich, bevor Sie mit der Visualisierung anfangen, damit Sie in der richtigen Gemütsverfassung sind, wenn Sie sich in Gedanken auf die Prüfung vorbereiten.

Positives Denken kann niemals eine gute Vorbereitung ersetzen! Stellen Sie also sicher, dass Sie das Einparken auch in der Fahrstunde hinbekommen, sonst kann es in der Prüfung auch nicht klappen.

Gerade bei Prüfungen ist es wichtig, richtig zu atmen. Wenn wir nervös sind, halten wir nämlich oft unwillkürlich die Luft an. Obwohl wir zwischendurch natürlich immer wieder einmal atmen, verspannen wir aber doch die Bauchgegend, sodass nicht die ganze Lunge mit Sauerstoff gefüllt wird. Dieser Mangel wirkt sich dann so aus, dass nicht genug Sauerstoff ins Gehirn gelangt und sich die Konzentrationsfähigkeit vermindert. Entsprechend leichter macht man infolgedessen Fehler, die man sich gerade bei einer Prüfung natürlich nicht leisten kann.

Lassen Sie sich nicht dadurch beirren, dass Sie in der Vergangenheit die Fahrprüfung schon einmal erfolglos angegangen sind. Ein anderer Prüfer, eine andere Fahrstrecke, anderes Wetter und eine andere Einstellung zur Prüfung können sehr viel ausmachen. Was vorher unsagbar schwer erschien, kann auf einmal ganz leicht werden. Auch Ihre eigene Tagesform spielt eine Rolle. Machen Sie sich also bitte nicht selbst verrückt, sondern üben Sie mit Ihren Affirmationen, mit Entspannungs- und Positiv-Skript sowie mit der Visualisierungsübung. Damit klappt es bestimmt.

Erzählen Sie ein paar guten Freunden davon, dass Sie Ihre Fahrprüfung machen, und bitten Sie sie, in der Zeit an Sie zu denken und die Daumen zu drücken. Moralische Unterstützung ist immer gut!

# Gedächtnis

Ein großes Handikap in der Ausbildung kann ein schlechtes Gedächtnis sein. Damit wird man aber nicht geboren. Wer sich nichts merken kann, konzentriert sich beim Lernen nicht richtig oder hat kein gutes Lernsystem.

## Affirmationen ■

Ich kann lernen, mein Erinnerungsvermögen erheblich zu verbessern und mir alles wirklich Wichtige gut zu merken.
Mein Gedächtnis funktioniert ausgezeichnet und ich merke mir Neues leicht und schnell.
Langsam, aber sicher verbessert sich das Leistungsvermögen meines Gedächtnisses und ich freue mich an den guten Resultaten.

## Positiv-Skript ●

Mein Gedächtnis ist wie ein Muskel, mit dessen Training ich jetzt in aller Ruhe beginne. Mit jedem Tag wird dieser Muskel stärker und funktioniert reibungsloser und zuverlässiger. Ich lerne ruhig und aufmerksam und stelle fest, wie Gelerntes immer tiefer in mein Unterbewusstsein eindringt, wo es sicher und systematisch gespeichert wird. Gelerntes, Gelesenes und Geschriebenes ist jederzeit leicht und schnell aus meinem Unterbewusstsein abrufbar, egal, ob ich es schriftlich oder mündlich wiedergeben muss. Ich bin ruhig und gelassen und habe jederzeit Zugang zu meinem unterbewussten Gedächtnis-Archiv, in dem alles ordentlich und systematisch aufbewahrt ist. Wie in einer Bibliothek finde ich alle Lehrbücher in diesem Archiv vor. Ich brauche gedanklich nur das entsprechende Buch aufzuschlagen, um mich genau und sicher zu erinnern, was ich gelernt habe. Ich freue mich über die Zuverlässigkeit meines guten Gedächtnisses.

## Visualisierung ◆

Stellen Sie sich vor, wie Sie zu Hause konzentriert über Ihren Büchern sitzen und lernen und dann in der Schule flüssig über das Thema vortragen.

# Tipps

Helfen Sie sich selbst, Ihren Gedächtnis-»Muskel« zu stärken, indem Sie immer wieder einige kleine Erinnerungsübungen machen. Schauen Sie sich einen Alltagsgegenstand konzentriert an, schließen Sie die Augen und versuchen Sie dann, sich alle Einzelheiten ins Gedächtnis zu rufen. Wenn Sie eher Schwierigkeiten mit Geschriebenem haben, dann lesen Sie einen kleinen Artikel in einer Zeitung oder Zeitschrift aufmerksam durch und erzählen Sie ihn dann nach. Überprüfen Sie hinterher, ob Sie etwas vergessen haben.

Oft ist es nützlich, sich einen Zusammenhang *bildlich* vorzustellen, wenn Sie darüber etwas lesen. Das Gedächtnis spricht oft auf Bilder besser an als auf Worte. So könnten Sie sich etwa einprägen, dass Venen das Blut *zum* Herzen und Arterien das Blut *vom* Herzen transportieren, indem Sie sich blaue Venenbahnen zum Herzen vorstellen und rote Arterienbahnen vom Herzen weg.

Lernen Sie in kleinen Happen, wenn Sie sich nicht lange konzentrieren können, aber bleiben Sie am Ball. Nehmen Sie sich ein bestimmtes Pensum vor, lieber weniger als zu viel, und beschäftigen Sie sich eingehend damit.

Wiederholen Sie Gelerntes mehrmals, damit es auch sitzt. Wenn Sie zum Beispiel versuchen, sich bestimmte Vokabeln einzuprägen, dann lesen Sie sie ein paar Mal laut vor, damit sich der Klang der Worte einprägt. Halten Sie dann die Seite mit den Fremdsprachenvokabeln zu und versuchen Sie sich an sie zu erinnern. Überprüfen Sie am Anfang häufig, ob Sie sich richtig erinnert haben. Gehen Sie dabei nicht immer der Reihe nach vor, sondern auch einmal durcheinander. Wenn Sie die Vokabeln können, machen Sie eine halbstündige Pause und gehen Sie die Vokabeln alle noch einmal durch, zuerst der Reihe nach und dann durcheinander. Nach einer weiteren Pause von zwei Stunden überprüfen Sie noch einmal, dass Sie alles behalten haben.

# Lampenfieber

Ob Sie als Schüler am Musiktag etwas vorspielen müssen oder als Erwachsener in einer Laienschauspielgruppe mitmachen: Die Nervosität vor der Aufführung kann Ihnen den Spaß verderben, obwohl Sie gut vorbereitet sind.

## Affirmationen ■

Mein Atem geht ruhig und gleichmäßig – ich mache meine Sache ausgezeichnet.
Ich gehe ganz und gar in meiner Rolle/meinem Klavierspiel/Singen auf und vergesse alles um mich herum.
Ich liebe, was ich tue. Es fällt mir leicht, meine Begeisterung mit anderen zu teilen.

## Positiv-Skript ●

Ich bin ruhig und gelassen. Mein Atem geht gleichmäßig und ich bewege mich frei und leicht. Die Wärme und Zuneigung aus dem Publikum, die ich beim Betreten der Bühne spüren kann, macht mich ruhig und sicher. Ich konzentriere mich ganz und gar auf meine Vorführung. Ich bin gut vorbereitet und ich bin entspannt, locker und gelöst. Mein Üben zahlt sich aus. Ich trete auf die Bühne und bin in meiner eigenen Welt. Ich gehe ganz in meiner Vorführung auf und vergesse alles um mich herum. Nur meine Musik/ meine Rolle zählt. Ich bin völlig und ausschließlich konzentriert auf das, was ich tue. Alles Gelernte steht mir automatisch und augenblicklich zur Verfügung. Meine Bewegungen sind ruhig und sicher, mein Atem geht leicht und frei. Ich konzentriere mich ganz und gar und bin völlig eingenommen von dem, was ich darstelle/vortrage. Die Zeit vergeht wie im Fluge. Der begeisterte Applaus am Ende macht mich stolz und glücklich. Ich freue mich schon auf die nächste Aufführung.

## Visualisierung ◆

Stellen Sie sich vor, wie Sie die Bühne betreten und Ihre Vorführung mit Bravur absolvieren. Malen Sie sich dabei Ihren Erfolg in den schillerndsten Farben aus.

# Tipps

Schalten Sie dem Positiv-Skript eine Entspannungsübung vor, damit Sie die innere Ruhe fühlen können, die Sie während der Vorführung begleiten soll.

Stellen Sie sicher, dass Sie wirklich optimal vorbereitet sind, sonst nützt Ihnen auch keine Visualisierung!

Verlieben Sie sich in Ihre Rolle, Ihr Lied/Stück oder was auch immer Sie vortragen. Bei einer Aufführung geht es nicht um Ihre Beziehung zum Publikum und es geht auch nicht um Ihre Person. Worauf es bei einer Aufführung wirklich ankommt, ist Ihre Beziehung zu dem, was Sie vortragen, sei es Musik, Schauspiel oder eine Rede. Wenn Sie lieben, was Sie tun, dann können Sie sich auch darauf konzentrieren.

Stellen Sie sicher, dass Sie einen Tag vor der Aufführung alles vorbereitet haben, was zu Ihrem Auftritt dazugehört. Kleidung, Noten und/oder Manuskript sollten jetzt fertig bereitliegen, sodass Sie sich um nichts mehr zu kümmern brauchen. Hören Sie jetzt auf zu üben und gehen Sie einer leichten körperlichen Betätigung nach, zum Beispiel Schwimmen oder Spazierengehen. Auf diese Weise verheddern Sie sich nicht in letzten hektischen Vorbereitungen.

Es hat nichts zu sagen, wenn es bei einer früheren Vorführung nicht ganz geklappt hat. Vorausgesetzt, Sie sind gut vorbereitet, können Verbesserungen ganz spontan und oft unerwartet auftreten, sodass diesmal die ganze Sache wesentlich besser abläuft.

Wenn Sie abergläubisch sind, dann nehmen Sie sich ruhig einen Glücksbringer mit zur Aufführung! Das kann ein Stofftier sein oder ein anderer kleiner Gegenstand, an dem Sie hängen. Ein Glücksbringer wirkt wie eine Affirmation und bestärkt Ihren Glauben, dass Sie es schaffen können, und das ist ganz in Ordnung.

# Lernen

So manchem haben schlechte Erfahrungen in der Schule die Lust am Lernen verdorben. Schade! Lernen kann nämlich Spaß machen, wenn man es richtig anfängt.

## Affirmationen ■

Lernen ist leicht und macht Spaß und Spaß gehört zum Leben.
Mit jedem Tag fällt mir das Lernen leichter und die guten Resultate bestätigen mir, dass ich es richtig mache.
Ich kann lernen, mit Lust und Freude zu lernen und gute Ergebnisse zu erzielen.

## Positiv-Skript ●

Ich fange noch einmal neu an und habe beschlossen, dass mir das Lernen Spaß machen kann. In der Schule konzentriere ich mich ganz auf das, was der Lehrer sagt. Ich lasse mich durch nichts ablenken und bin mit Freude bei der Sache. Ich melde mich immer, wenn ich etwas weiß, und arbeite im Unterricht intensiv mit. Zu Hause mache ich die Schularbeiten in aller Ruhe und mit großer Konzentration. Ich denke über jede Aufgabe genau nach und schreibe die Antwort sauber auf. Ich bereite mich mit großer Sorgfalt auf den nächsten Unterrichtstag vor und fühle mich im Unterricht immer sicherer, weil ich weiß, dass ich gut vorbereitet bin. Mit jedem Tag weiß ich mehr Antworten und melde mich jedes Mal. Das Lernen fällt mir leicht und es macht mir Spaß, mein Wissen bei Klassenarbeiten zu Papier zu bringen. Ich fühle mich ruhig und sicher und Lernen fällt mir leicht. Je mehr ich lerne, desto mehr weiß ich, je mehr ich weiß, desto sicherer fühle ich mich und desto mehr Spaß macht mir das Lernen. Meine gute Vorbereitung macht sich immer mehr bezahlt.

## Visualisierung ◆

Stellen Sie sich vor, wie Sie konzentriert über Ihren Hausaufgaben sitzen, aufmerksam in Ihrem Textbuch lesen und flüssig die Antworten aufschreiben. Malen Sie sich aus, wie Sie in der Schule alle Antworten wissen und anderen helfen können.

# Tipps

Wenn Sie lernen, schalten Sie Radio, Fernsehen und andere Störquellen aus. Auch wenn Sie es gewöhnt sind, beim Lernen gleichzeitig Musik zu hören, sollten Sie es einmal zwei Wochen lang probieren, auf Hintergrundgedudel zu verzichten, besonders, wenn es gesungene Musik ist. Ruhige klassische Musik stört oft weit weniger als gesungener Pop.

Lassen Sie sich Zeit beim Lernen. Lieber weniger lernen und dafür intensiv als vieles auf einmal, das Sie sich nicht richtig merken können. *Machen Sie erst weiter, wenn Sie alles bisher Gelesene verstanden haben.* Rufen Sie eventuell einen Klassenkameraden/Kommilitonen an, der Ihnen weiterhelfen kann, wenn Sie irgendwo festhängen.

Halten Sie Ihren Arbeitsplatz aufgeräumt. Legen Sie sich alles zurecht, was Sie zum Lernen brauchen. Stellen Sie den Anrufbeantworter an und lassen Sie den Kühlschrank in Ruhe! Wenn Sie etwas zu trinken wollen, trinken Sie, bevor Sie mit dem Lernen anfangen oder wenn Sie eine Pause einlegen. Während des Lernens sollten Sie sich völlig auf die Aufgaben konzentrieren.

Setzen Sie sich kleine Etappenziele und belohnen Sie sich. Wenn Sie mit einem Fach oder einem Lernteil fertig sind, verlassen Sie Ihren Schreibtisch und machen Sie sich etwas zu trinken.

Lernen Sie als erstes das Fach, das Sie am wenigsten mögen. Auf diese Weise sind Sie es los und machen viel lieber mit dem Lernen weiter, als wenn Sie das unangenehme Fach ständig vor sich herschieben.

Überprüfen Sie immer wieder einmal, ob Sie verstanden haben, was Sie gelernt haben. Tun Sie so, als müssten Sie das Gelernte jemand anderem erzählen. Sprechen Sie dabei laut aus, was Sie wiedergeben wollen. Nur darüber nachdenken ist kein sicheres Zeichen, dass Sie eine Materie auch tatsächlich beherrschen.

# Mobbing

Wer in der Schule von Mitschülern mit Worten oder tätlich angegriffen wird, erfährt dabei nicht nur große Angst, sondern auch ein Gefühl der Ohnmacht dieser Situation gegenüber. Persönlichkeitsveränderungen und seelische Störungen können die Folge sein.

## Affirmationen ■

Ich weigere mich, unmögliches Benehmen anderer zu akzeptieren.
Wer mir dumm kommt, muss mit meinem Zorn rechnen.
Meine Wut macht mich stark.

## Positiv-Skript ●

Auch meine Geduld hat einmal ein Ende! Ich denke gar nicht daran, mir Gemeinheiten gefallen zu lassen. Nur geistig Minderbemittelte machen sich einen Sport daraus, anderen das Leben zur Hölle zu machen. Ich weigere mich, Drangsalierungen wortlos hinzunehmen. Ich lasse nichts unversucht, dieses Verhalten zu unterbinden. Ich hole mir Hilfe, wo ich nur kann, denn das bin ich mir schuldig. Wer mich ärgert, kriegt Ärger. Wer mir das Leben zur Hölle macht, muss mit Konsequenzen rechnen. Wer meint, mich zum Hampelmann machen zu können, hat sich gewaltig geirrt. Selbst, wenn ich wirklich hässlich oder dumm wäre, gibt das niemandem das Recht, mich herumzuschubsen oder zu drangsalieren. Ich bin sauer und unternehme jetzt etwas gegen meine Angreifer. Ich hole mir Hilfe. Denen zeige ich es! Wenn sich hier jemand schämt, dann sollen die das tun. Ich habe schließlich nichts getan, wofür ich mich schämen müsste. Es steht mir rechtmäßig zu, mich zu wehren.

## Visualisierung ◆

Stell dir vor, du hättest Riesenkräfte und könntest deine Feinde nach Strich und Faden verdreschen. Mal dir den Schrecken in ihren Gesichtern aus, wenn sie dich auf sich zukommen sehen und merken, dass du keine Angst vor ihnen hast.

# Tipps

Trag die Sorgen wegen des Mobbing nicht alleine mit dir herum. Vertrau dich einem Lehrer an oder sag deinen Eltern Bescheid, dass in der Schule etwas schief läuft. Wenn du mit deinen Eltern nicht sprechen kannst, dann kannst du es ruhig bei den Eltern eines Schulfreundes versuchen. Sprich aber auf jeden Fall mit einem Erwachsenen über deine Probleme in der Schule, damit jemand Bescheid weiß und Abhilfe geschaffen werden kann. Besonders, wenn das Mobbing von mehr als einem Mitschüler erfolgt, solltest du darüber mit jemandem sprechen. Mit einem Angreifer wirst du vielleicht selbst fertig, aber nicht mit mehreren.

Wenn es nicht anders geht, dann solltest du die Schule wechseln, wenn es sich irgendwie machen lässt. Wenn du nur mit Angst und Schrecken in die Schule gehen kannst, dann ist es sehr schwer, im Unterricht aufzupassen und etwas zu lernen.

Sei dir darüber klar, dass nicht du im Unrecht bist, sondern deine Angreifer. Niemand hat das Recht, dir das Leben zur Hölle zu machen. Egal, ob du nicht besonders gut in der Schule bist, komische Eltern hast, anders aussiehst als andere oder sonst wie nicht in das Schema F des Schulalltags passt: Du brauchst dir weder Unverschämtheiten, Erpressung, körperliche oder gesprochene Gemeinheiten noch sonst welche Feindseligkeiten gefallen zu lassen, auch nicht von Lehrern.

Wenn du tätlich angegriffen wirst oder auch nur, wenn du vor tätlichen Angriffen Angst hast, dann sieh zu, dass du selbst körperlich auf Vordermann bist. Frag deine Eltern, ob du einen Judo- oder Karatekurs machen kannst, wo du lernst, dich geschickt selbst zu verteidigen. Das heißt nicht, dass du dann herumläufst und deine Gegner dauernd verdrischst. Stattdessen geht es darum, dass du an Selbstvertrauen gewinnst und dich besser verteidigen kannst.

# Prüfungsangst (mündlich)

Auch wenn man sich auf eine Prüfung gut vorbereitet hat, kann einem die Nervosität die Kehle zuschnüren, wenn man in einer mündlichen Prüfung befragt wird.

## Affirmationen ■

Ich bin gut vorbereitet und kann mit Leichtigkeit alle Fragen beantworten, die mir gestellt werden.

Ich bin ruhig und gelassen und beantworte alle Fragen gut und richtig.

Mein Atem geht ruhig und ich kann mich frei bewegen, während ich alle Fragen der Prüfer/des Prüfers mit Leichtigkeit beantworte.

## Positiv-Skript ●

Schon während ich den Prüfungsraum betrete, fühle ich mich ruhig und gelassen. Ich bin bestens vorbereitet und sehe der Prüfung mit Zuversicht entgegen. Wenn ich etwas gefragt werde, spreche ich ruhig und deutlich. Mein Atem geht leicht und gleichmäßig. Alles Gelernte steht mir jederzeit mühelos zur Verfügung. Mein Atem geht ruhig und gleichmäßig, während ich spreche, und ich fühle mich wohl. Es macht mir Spaß, über ein Thema zu sprechen, das mir vertraut ist. Ich konzentriere mich auf die gestellten Fragen und mein Gedächtnis versorgt mich mit den richtigen Antworten, die ich zügig und mühelos gebe. Mein Körper bewegt sich entspannt und locker, während ich spreche. Ich spreche mit Selbstbewusstsein. Ich habe einen klaren Kopf und die Antworten fallen mir leicht ein. Alle Antworten sind in meinem Kopf und jederzeit abrufbereit.

## Visualisierung ◆

Stellen Sie sich vor, wie Sie im Prüfungsraum sitzen und flüssig alle Fragen beantworten. Sie brauchen dabei in Ihrer Vorstellung nicht zu hören, was gefragt wird und was Sie antworten. Lassen Sie nur den inneren Film mit Ihren selbstbewussten Bewegungen ablaufen.

# Tipps

Bereiten Sie sich gut vor. Ohne Vorbereitung nützt Ihnen auch das Positive Denken nichts!

Üben Sie das richtige Atmen. Beim Einatmen sollten Sie ein Anheben der Bauchdecke spüren können, beim Ausatmen ein Senken. Auf diese Weise füllen Sie die ganze Lunge mit Sauerstoff, sodass das Gehirn besser funktionieren kann. Wer Angst hat, klemmt den Bauchbereich ein, fast so, als erwarte er einen Schlag in die Magengegend. Dadurch kann die Atmung nicht richtig funktionieren und sowohl die Konzentrationsfähigkeit wie auch das Gedächtnis leiden.

Während Sie sich auf die Prüfung vorbereiten, üben Sie immer wieder, laut über das Thema zu sprechen. Gewöhnen Sie sich daran, Ihre eigene Stimme zu hören. Gleichzeitig üben Sie so auch, flüssig zu Ihrem Thema zu sprechen.

Schwierige Zusammenhänge können Sie zuerst schriftlich ausarbeiten und dann auswendig lernen. Auch hier sollten Sie das laute Aussprechen des Gelernten üben!

Legen Sie sich die Einstellung zu, dass die meisten Prüfer nett sind. Es passiert außerordentlich selten, dass Prüfer versuchen, einen Kandidaten »hereinzulegen«. Gehen Sie also davon aus, dass Ihr Prüfer vielleicht nicht unbedingt sympathisch, aber trotzdem ein netter Mensch ist, der sich mit Ihnen freut, wenn Sie die richtigen Antworten geben.

Hören Sie einen Tag vor der Prüfung mit dem Lernen auf. Was Sie jetzt nicht wissen, lernen Sie auch am letzten Tag nicht mehr. Machen Sie stattdessen einen Spaziergang, gehen Sie schwimmen oder ins Kino. Entspannung ist jetzt das Beste. Gehen Sie nicht zu spät ins Bett, sodass Sie am nächsten Tag ausgeruht bei der Prüfung erscheinen.

# Prüfungsangst (schriftlich)

Bei schriftlichen Prüfungen besteht die Angst meist darin, in der vorgegebenen Zeit nicht alle Fragen beantworten zu können oder aber aus Panik ein »Brett vor dem Kopf« zu haben, sodass einem die richtigen Antworten nicht einfallen.

## Affirmationen

In der Prüfung bin ich ruhig und gelassen und kann alles Gelernte problemlos niederschreiben.
Ich fühle mich sicher und ruhig im Examen und die richtigen Antworten fallen mir sofort ein.
Ich freue mich darauf, das Examen gut und leicht zu bestehen.

## Positiv-Skript

In der Prüfung geht mein Atem ruhig und gleichmäßig. Mein ganzer Körper fühlt sich angenehm entspannt an und mein Konzentrationsvermögen ist optimal. Ich fühle mich zuversichtlich und schaue mir die Prüfungsfragen/das Prüfungsthema in aller Ruhe an. Ich erkenne sofort die Zusammenhänge zu dem, was ich gelernt habe. Ich konzentriere mich ausschließlich auf die Prüfungsfragen und deren Beantwortung und vergesse alles andere um mich herum. Je mehr ich mich konzentriere, desto mehr entspanne ich mich, je mehr ich mich entspanne, desto schneller fallen mir die richtigen Antworten ein. Ich schreibe die Antworten auf, ruhig und gelassen. Mein Wissen steht mir auf Abruf zur Verfügung. Ich beantworte alle Fragen zügig und zuversichtlich, bis ich fertig bin. Am Schluss lehne ich mich bequem in meinem Stuhl zurück und habe sogar noch Zeit, alle meine Antworten in Ruhe durchzulesen, und ich bin sehr zufrieden mit der guten Arbeit, die ich geleistet habe. Ich fühle ein breites Lächeln auf meinen Lippen und freue mich, dass sich meine gute Vorbereitung bezahlt gemacht hat.

## Visualisierung

Sehen Sie sich im Geiste in der Prüfung sitzen und ruhig und stetig schreiben. Stellen Sie sich vor, wie sich das Blatt vor Ihnen mit Geschriebenem füllt und wie gut Sie sich dabei fühlen.

# Tipps

Seien Sie so gut vorbereitet, wie es geht. Vorbereitung gibt größeres Selbstvertrauen und Ruhe in der Prüfung.

Fangen Sie rechtzeitig mit der Vorbereitung auf die Prüfung an. Da Sie Gelerntes mehrmals vor der Prüfung wiederholen sollten, ist es wichtig, das Lernen nicht auf zwei Tage vor der Prüfung zu verschieben. Rechtzeitige Vorbereitung ist besonders dann wichtig, wenn Sie sich auf mehrere Fächer gleichzeitig vorbereiten müssen.

Lernen Sie für die Prüfung lieber das Wesentliche gut, statt sich in zu vielen Einzelheiten zu verzetteln. Versuchen Sie zum Beispiel nicht, sich drei verschiedene Lösungsansätze für eine Aufgabe zu merken oder fünf verschiedene Kritiken eines Buches zu verstehen. Weniger ist oft mehr, denn Sie erhöhen damit Ihre Chancen, sich das Gelernte auch tatsächlich zu merken.

Wiederholen Sie Gelerntes immer wieder. Was Sie morgens lernen, sollten Sie nach ein bis zwei Stunden noch einmal wiederholen und dann noch einmal nachmittags. Danach wiederholen Sie drei Tage lang das Gelernte einmal am Tag und dann wiederholen Sie es noch zweimal vor der Prüfung.

Es ist erstaunlich, wie wichtig das Aufräumen des Schlafzimmers oder das Putzen der Küchenschränke wird, wenn man eigentlich für die Prüfung lernen soll! Seien Sie ein bisschen streng mit sich selbst und erlauben Sie sich nicht allzu viele Eskapaden – schließlich wollen Sie die Prüfung doch gut bestehen!

Halten Sie sich ein paar Tage vor der Prüfung von Mitschülern/Kommilitonen fern, die unter großer Prüfungsangst leiden. Angst ist ansteckend und kann Sie aus dem Konzept bringen. Leihen Sie diesen Mitschülern/Kommilitonen lieber dieses Buch, sodass sie sich selbst helfen können anstatt Sie herunterzuziehen.

# Schulangst

Die Schule kann für manche Kinder ein Schlachtfeld der Gefühle sein. Angst vor dem Versagen, überstrenge Lehrer, Mobbing und ein übergroßes Lernpensum können Ängste verursachen, die den Gang zur Schule zur Tortur werden lassen.

## Affirmationen ■

Ich kann lernen, ruhig und gelassen zur Schule zu gehen.
Mein Selbstvertrauen festigt sich ganz allmählich und mit jedem Tag fällt es mir ein bisschen leichter, in die Schule zu gehen.
Es ist alles nur halb so schlimm und ich werde mit jedem Tag etwas selbstsicherer.

## Positiv-Skript ●

Ganz langsam fange ich an, ruhiger und sicherer zu werden. Ich kann lernen, mich zu entspannen und die mit der Schule verbundenen Probleme ruhiger anzugehen. Ich überlege ganz genau, ob mir jemand anderes helfen kann. Langsam, aber sicher lösen sich meine Probleme auf und ich fühle mich mit jedem Tag wohler in meiner Haut. Es geht doch langsam alles besser und leichter als vorher und allmählich macht es mir wieder mehr Spaß, in die Schule zu gehen. Meine Leistungen verbessern sich und ich werde selbstsicherer. Ich lerne es, Dinge zu erreichen, die mir vorher unmöglich schienen. Ich spreche mehr mit meinen Mitschülern und kann mich auf dem Schulhof und im Klassenzimmer immer besser behaupten. Alle Erwachsenen staunen, welche Fortschritte ich mache. Bald schon ist es mir ein Rätsel, warum ich früher so fürchterlich große Angst vor der Schule hatte.

## Visualisierung ◆

Stell dir vor, du gehst/fährst mit einem fröhlichen Lachen in die Schule. Mal dir aus, wie es wäre, wenn du die ehemals schwierigen Situationen jetzt mit Leichtigkeit meisterst, und stell dir diese positiven Ergebnisse in den leuchtendsten Farben vor.

# Tipps

Überleg einmal, warum du solche Angst vor der Schule hast. Gibt es etwas in der Schule, das dir Angst macht? Ein strenger Lehrer vielleicht oder Mitschüler, von denen du dich bedroht fühlst, obwohl sie dir nichts getan haben? Oder gibt es zu Hause etwas, was dich verunsichert? Streiten deine Eltern oft, gibt es Schwierigkeiten mit deinen Geschwistern oder haben deine Eltern keine Zeit für dich?

Überleg einmal, ob es einen Erwachsenen gibt, mit dem du über das Problem sprechen könntest. Vielleicht könnte ein netter Lehrer, deine Eltern, ein verständnisvoller Nachbar oder ein älteres Geschwister helfen? – Schlepp dein Problem nicht alleine mit dir herum. Es ist jetzt wichtig, dass ein Erwachsener von deinen Schwierigkeiten weiß, denn nur so kann man anfangen, das Problem zu beseitigen oder zumindest abzumildern.

Wenn deine Schule ganz unmöglich ist, das heißt, wenn die Lehrer dauernd Schüler herunterputzen oder sehr viele Mitschüler dir Angst machen, dann könnte es besser für dich sein, die Schule zu wechseln. Wer dauernd Angst hat, kann nicht lernen.

Wenn du in der Schule nicht gut mitkommst, dann frag doch einmal, ob du Nachhilfestunden bekommen kannst. Eventuell kann dir auch ein Mitschüler helfen, der in den Fächern gut ist, in denen du nachhängst. Wenn du erst einmal den Lernstoff aufgeholt hast, macht es bedeutend mehr Spaß, in die Schule zu gehen!

Wenn Lehrer dir Schimpfworte an den Kopf werfen, weil du etwas nicht kannst, dann ist das nicht in Ordnung. Du bist schließlich in der Schule, um zu lernen, und da sind Fehler unvermeidlich. Wenn du schon alles gleich richtig könntest, bräuchtest du nicht in die Schule zu gehen, oder? Sprich mit deinen Eltern darüber, wenn ein Lehrer dich dauernd herunterputzt.

## Weiterführende Literatur

Briffa, John: Gesund essen – länger leben. Die besten Lebensmittel für Vitalität und Wohlbefinden. Mosaik, München 1998

Hamburger, Regina: 1 x 1 des Flirtens. Econ, München 1993

Lemke, Nada/Peiffer, Vera: Wenn die Partnerschaft zerbricht. Trennung positiv bewältigen. Midena, Augsburg 1999

Oberbeil, Klaus: Fitmacher für jeden Tag. Schön, fit und gesund durch Vitamine, Mineralien und Spurenelemente. Südwest, München 1998

Peiffer, Vera: Positives Denken. Was Sie schon immer wussten, aber sich nicht trauten, in die Tat umzusetzen. Midena, Augsburg 1997

Peiffer, Vera: Ängste überwinden. Midena, Augsburg 1998

Peiffer, Vera: Die 7 Wege zum Traumpartner. Midena, Augsburg 1998

Peiffer, Vera: Wie Sie lernen, nein zu sagen. Midena, Augsburg 1997

Peiffer, Vera: Hypnosetherapie. Goldmann, München 1998

## Nützliche Adressen

Wenn Sie noch Fragen zum Buch haben oder sich für Seminare mit Vera Peiffer interessieren, dann wenden Sie sich bitte an folgende Adresse:

| | |
|---|---|
| Peiffer Kolleg<br>Geheimrat-Schott-Str. 15 A<br>69181 Leimen | Tel.: 0 62 24 / 95 15 01<br>Fax: 0 62 24 / 95 18 84 |

Die folgenden Zentralstellen bieten psychologischen Rat, Therapie und Beratung und können Sie auch auf eine Zweigstelle in Ihrer Nähe verweisen:

| Deutschland | Österreich | Schweiz |
|---|---|---|
| Pro Familia Bundesverband<br>Stresemannallee 3<br>D-60596 Frankfurt am Main<br>Tel.: 0 69 / 63 90 02 | Österreichische Gesellschaft für Familienplanung (ÖGF)<br>Semmelweis Frauenklinik<br>Bastiengasse 125<br>A-1183 Wien<br>Tel.: 00 43 / 1 / 4 78 52 42 | Association Suisse de Planning Familial et d'Education Sexuelle (ASPFES)<br>Ch. de la Gueta 7<br>CH-1073 Savigny<br>Tel.: 0041 / 21 / 784 02 46 |

Wenn Sie eine Hypnosetherapie erwägen, können Sie sich an folgende Adresse wenden:

Deutsche Gesellschaft für Hypnose (DGH)
Druffelsweg 3
D-48653 Coesfeld
Tel.: 0 25 41 / 7 00 07

Um einen qualifizierten Homöopathen in Ihrer Gegend zu finden, wenden Sie sich bitte an:

| Deutschland | Österreich | Schweiz |
|---|---|---|
| Deutsche Gesellschaft für Klassische Homöopathie (DGKH)<br>Grundvigtstr. 39<br>33330 Gütersloh | Ärztegesellschaft für Klassische Homöopathie<br>Dr. Dietmar Payrhuber<br>Griesgasse 2<br>A-5020 Salzburg | Verband Klassischer Homöopathen<br>Postfach 625<br>CH-8030 Zürich |